职业教育改革创新教材

Qiche Dianqi Shebei Gouzao yu Weixiu
汽车电气设备构造与维修

曹剑波　许小兰　主　编
董　蓉　杨晓炳　杨寒蕊　副主编

人民交通出版社股份有限公司

北　京

内 容 提 要

本书是职业教育改革创新教材之一,主要内容包括汽车电气设备概述、电源系统、起动系统、照明与信号系统、汽车仪表与报警系统和辅助电器系统。

本书可作为中等职业学校汽车运用与维修专业、汽车制造与检修专业的教材,也可供汽车维修及相关技术人员参考阅读。

图书在版编目(CIP)数据

汽车电气设备构造与维修/曹剑波,许小兰主编.—北京:人民交通出版社股份有限公司,2020.7
ISBN 978-7-114-16489-7

Ⅰ.①汽… Ⅱ.①曹… ②许… Ⅲ.①汽车—电气设备—构造—中等专业学校—教材 ②汽车—电气设备—车辆修理—中等专业学校—教材 Ⅳ.①U472.41

中国版本图书馆 CIP 数据核字(2020)第 065180 号

书 名:	汽车电气设备构造与维修
著 作 者:	曹剑波 许小兰
责任编辑:	戴慧莉
责任校对:	席少楠
责任印制:	刘高彤
出版发行:	人民交通出版社股份有限公司
地 址:	(100011)北京市朝阳区安定门外外馆斜街 3 号
网 址:	http://www.ccpcl.com.cn
销售电话:	(010)59757973
总 经 销:	人民交通出版社股份有限公司发行部
经 销:	各地新华书店
印 刷:	北京市密东印刷有限公司
开 本:	787×1092 1/16
印 张:	14.5
字 数:	327 千
版 次:	2020 年 7 月 第 1 版
印 次:	2020 年 7 月 第 1 次印刷
书 号:	ISBN 978-7-114-16489-7
定 价:	38.00 元

(有印刷、装订质量问题的图书由本公司负责调换)

职业教育改革创新教材编委会

(排名不分先后)

主　　任：曹剑波(武汉市交通学校)
副 主 任：龚福明(武汉交通职业学院)
　　　　　曾　鑫(武汉软件工程职业学院)
　　　　　田哲文(武汉理工大学)
　　　　　许小兰(荆州市创业职业中等专业学校)
　　　　　周广春(武汉市交通学校)
委　　员：张宏立　何本琼　向志伟　杨　泽　张生强　罗　琼
　　　　　马生贵　蔡明清　易建红　向忠国　朱胜平　程　宽
　　　　　彭小晴　江　薇　杨　猛　易昌盛
　　　　　李和平(武汉市交通学校)
　　　　　董　蓉　杨晓炳　涂金林　杨寒蕊　何孝伟　张继芳
　　　　　覃绣锦　陈士旭　李　刚　汤进球　吕　晗
　　　　　胡　琼(荆州市创业职业中等专业学校)
　　　　　董劲松(武汉市第三职教中心)
　　　　　孟范辉　弓建海　李　奇　许家忠
　　　　　魏　超(张家口机械工业学校)
　　　　　朱　岸(武汉市机电工程学校)
　　　　　高元伟(辽宁省交通高等专科学校)
　　　　　雷小平(武汉市第二轻工业学校)
　　　　　李　丹(湖北科技职业学院)

前言 / FOREWORD

本套"职业教育改革创新教材",自2012年首次出版以来,多次重印,被全国多所中等职业院校选为汽车运用与维修专业教学用书,受到了广大师生的好评。

为了体现现代职业教育理念,贴近汽车运用与维修专业实际教学目标,促进"教、学、做"更好地结合,突出对学生技能的培养,使之成为技能型人才,2018年8月,人民交通出版社股份有限公司吸收教材使用院校的意见和建议,组织相关老师,经过认真充分研究和讨论,确定了修订方案,对本套教材进行了修订。

根据教学需求,本套教材将第1版的12个品种进行整合,形成第2版的10个品种,其中将《汽车发动机机械维修》与《汽车发动机电控系统维修》整合为《汽车发动机构造与维修》,《汽车传动系统维修》《汽车制动系统维修》《汽车行驶系统与转向系统维修》整合为《汽车底盘构造与维修》,《汽车电气设备维修》更名为《汽车电气设备构造与维修》,《汽车车身维修技术》拆分为《汽车车身及附属设备》与《汽车钣金维修》,《汽车涂装工艺》与《汽车涂装工艺工作页》合并为《汽车涂装工艺》。教材修订后,在结构和内容上与教学内容更加吻合,更注重对学生实践能力的培养。

《汽车电气设备构造与维修》一书,就是在《汽车电气设备维修》的基础上吸收了教材使用院校教师的意见和建议,在会议确定的修订方案指导下完成的。教材的修订内容主要在以下几个方面:

(1)增加"汽车电气设备概述",总体概括汽车电器认知及汽车电器常用元件及维修工具;

(2)将"点火系统"内容移到本套教材《汽车发动机构造与维修》中;

(3)增加了"汽车音响系统""汽车空调系统"相关内容;

(4)更新教材中相关数据;

(5)更新部分内容和图表,使教材内容更贴近当前实际工作内容。

本书由武汉市交通学校曹剑波、荆州市创业职业中等专业学校的许小兰担任主编,荆州市创业职业中等专业学校的董蓉、杨晓炳、杨寒蕊担任副主编,荆州市创业职业中等专业学校的涂金林、胡琼、何孝伟、陈士旭、张继芳、覃绣锦、李刚、汤进球、吕晗等参与编写。

限于编者水平,书中难免有疏漏和错误之处,恳请广大读者提出宝贵建议,以便进一步修改和完善。

职业教育改革创新教材编委会

2020年2月

目录 / CONTENTS

项目一 汽车电气设备概述 ·· 1
　学习任务一　汽车电气系统总体认知 ···································· 1
　学习任务二　常用汽车电器维修工具认知 ································ 9

项目二 电源系统 ·· 26
　学习任务一　蓄电池认识与维护 ······································· 26
　学习任务二　发电机维护与充电系统检测 ······························· 47

项目三 起动系统 ·· 64
　学习任务一　起动机的结构与原理认知 ·································· 64
　学习任务二　起动机的故障分析与排除 ·································· 73

项目四 照明与信号系统 ·· 83
　学习任务一　照明与信号系统认知 ······································ 83
　学习任务二　前照灯检测与维修 ······································· 94
　学习任务三　信号装置检测与维修 ····································· 104

项目五 汽车仪表与报警系统 ·· 118
　学习任务一　汽车仪表、报警系统认知 ································· 118
　学习任务二　汽车仪表系统的检测 ····································· 126
　学习任务三　汽车报警系统的检测 ····································· 138

项目六 辅助电器系统 ·· 150
　学习任务一　电动刮水器与风窗洗涤器的检测与维修 ·········· 150

学习任务二	电动后视镜认知与维修	164
学习任务三	电动车窗的检测与维修	173
学习任务四	电动座椅的检测与维修	180
学习任务五	电控门锁的检测与维修	188
学习任务六	音响系统的检测与维修	199
学习任务七	汽车空调的检测与维修	204

参考文献 …………………………………………………………… 221

项目一 汽车电气设备概述

学习任务一

汽车电气系统总体认知

学习目标

完成本学习任务后,你应当能:
(1) 了解汽车电气系统的概念;
(2) 正确认识汽车上的电气设备;
(3) 熟悉汽车电气系统的组成、作用及功能;
(4) 掌握汽车电气系统的基本特点;
(5) 了解汽车电气设备的发展概况。

 建议完成本学习任务的时间为 2 课时。

 学习任务描述

小李马上要毕业了,幸运的是他有机会参加当地知名汽车集团企业的面试。面试题目采用抽签法,题目范围是介绍汽车的四大部分,包括发动机、底盘、车身和电气设备。小李正好抽到了介绍汽车电气设备,于是他在脑海里反复回顾……

一、资料收集

引导问题1 什么是汽车电气系统?在汽车上起什么作用?

汽车电气系统是汽车的重要组成部分之一,其性能好坏直接影响汽车的动力性、经济性、可靠性、安全性、舒适性以及排放等性能。汽车电气系统是现代汽车发展水平的一个重要标志,其科技含量已成为衡量现代汽车档次的重要指标之一。随着科技的发展以及集成电路和微型电子计算机在汽车上的广泛应用,电器的数量在增加、功率在增大,产品的质量、性能在提高,且结构更趋于完善。

现代汽车电气系统除汽车电源外,还包括汽车电气设备及汽车电子控制系统两部分,每一部分又由若干个独立子系统组成。汽车电气设备的主要功能是保障汽车正常行驶;汽车电子控制系统是在电子控制单元控制下,使全车各电气设备协调工作,提高汽车的整体性能,包括动力性、经济性、安全性、舒适性、操纵性、通过性以及排放性能等。

引导问题2 汽车电气系统由哪几部分组成?

现代汽车电气系统,按其用途可划分为以下四部分。

1 电源系统

电源系统包括蓄电池、发电机及其调节器,如图1-1所示。前二者是并联工作,发电机是主电源,蓄电池是辅助电源。发电机配有调节器,其作用是在发电机转速升高时,自动调节发电机的输出电压并使之保持稳定。

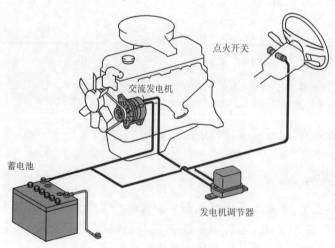

图1-1 汽车电源系统的组成

2 用电系统

汽车上用电系统大致可分为以下几类。

1) 起动系统

起动系统如图 1-2 所示,主要总成是起动机,其任务仅是起动发动机。发动机起动后,起动系统自动断电停止工作。

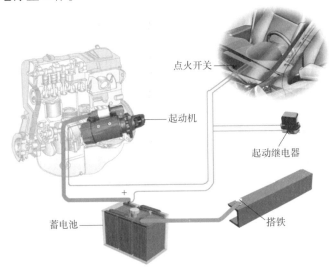

图 1-2　汽车起动系统的组成

2) 点火系统

点火系统是汽油发动机的组成部分,包括电子点火系统或传统点火系统的全部组件,如图 1-3 所示。其任务是产生高压电火花,按发动机各缸的工作顺序点燃气缸内的可燃混合气。

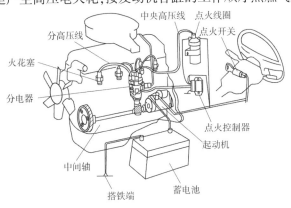

图 1-3　汽车点火系统的组成

3) 照明系统

照明系统的作用是确保车辆内外一定范围内合适的亮度,包括车内外各种照明灯以及保证夜间安全行车所必需的灯光,其中以前照明灯最为重要。军用车辆还增设了防空照明。

4)信号系统

信号系统包括电喇叭、蜂鸣器、闪光器及各种信号灯等,主要用来告示行人、车辆驾驶人等,引起注意,是保证安全行车所必要的信号。

5)电子控制系统

电子控制系统主要指由微机控制的装置,包括:电子控制点火装置、电子控制燃油喷射装置、电子控制制动防抱死装置、电子控制自动变速装置等,分别用来提高汽车的动力性、经济性、安全性、排气净化和操纵自动化等性能。

6)辅助电器系统

辅助电器系统包括电动刮水器、低温起动预热装置、空调器、收录机、点烟器、防盗装置、玻璃升降器、座椅调节器等。辅助电器有日益增多的趋势,主要向舒适、娱乐、保障安全方面发展。

3 检测系统

检测系统包括各种检测仪表如电压表、电流表、冷却液温度表、油压表、燃油表、车速里程表、发动机转速表和各种报警灯,用来监测发动机和其他装置的工作情况。图1-4为某汽车仪表盘的组成。

图1-4 某汽车仪表盘的组成

4 配电系统

配电系统包括中央接线盒、电路开关、熔断装置、插接件和导线等,以保证汽车电器及线路工作的可靠性和安全性。

引导问题3 汽车电气系统有哪些特点?

汽车电气系统具有以下5个特点。

1 单线制

单线制是指从电源到用电设备只用一根电线连接,而另一根导线则由金属部分代替作为电器回路的接线方式,如车体、发动机等。采用单线制不仅可以节省材料(铜导线)、简化线路、方便安装检测,而且电器元件不需与车体绝缘,可以降低故障率。但在一些不能形成可靠电器回路或需要精确电子信号的回路,应采用双线制。

2 负极搭铁

负极搭铁是采用单线制时,将蓄电池的一个电极用导线连接到发动机、底盘等金属车体上。若蓄电池的负极连接到金属车体上,称之为负极搭铁;反之,若蓄电池的正极连接到金属车体上,称之为正极搭铁。在我国规定汽车电器必须采用负极搭铁。目前,世界各国生产的汽车也大多采用负极搭铁的方式。

3 两个电源

汽车电源系统由蓄电池和发电机两个电源供电。汽车起动时,由蓄电池向起动系供电,在发动机未运转时可以向有关用电设备供电,发动机起动后拖动发电机发电,当发电机输出电压高于蓄电池电压时,发电机取代蓄电池独自向有关用电设备供电,同时也对蓄电池进行充电。两者互补可以有效地使用电设备在不同的情况下都能正常地工作,同时也延长了蓄电池的供电时间。

4 低压直流供电

1) 低压

汽车电器系统的额定电压有 12V、24V 两种,汽油车普遍采用 12V 电器系统,而柴油车多采用 24V 电器系统。电器产品额定运行端电压,对发电装置 12V 电器系统为 14V;对 24V 电器系统为 28V。对用电设备端电压在 0.9~1.25 倍额定电压范围内变动时应能正常工作。

2) 直流

汽车电器系统采用直流是因为起动发动机的起动机,为直流串励式电动机,其工作时必须由蓄电池供电,而蓄电池消耗电能后又必须用直流电来充电。

5 用电设备并联

用电设备并联,是指汽车上的各种用电设备都采用并联方式与电源连接,每个用电设备都由各自串联在其支路中的专用开关控制,互不产生干扰。

引导问题 4 汽车电气设备的发展历程是怎样的?

自汽车问世 130 多年来,汽车的发展给整个世界和人类的生活带来了巨大的变化,汽车技术也取得了令人瞩目的进步,汽车设计和机械生产工艺水平都达到了成熟水平。因而近年来汽车机械部分变化很小,而汽车的另一个重要组成部分——汽车电气设备变化极大。随着汽车技术的进步,汽车电气设备的结构与性能也在不断地进步,车载电子设备的数量越来越多,特别是电子技术在汽车上的广泛应用,在解决汽车节能降耗、行车安全、减少排放污染等方面起着越来越重要的作用。

汽车电子技术始于 20 世纪 60 年代,其发展大致可分为 3 个阶段。

1965—1975年,汽车电子产品是由分立元件和集成电路IC组成,如晶体管收音机、集成电路调节器等。

1975—1985年,主要发展专用的独立系统,如电子控制汽油喷射、制动防抱死装置等。

1985—2000年,主要开发可完成各种功能的综合系统及各种车辆整体系统的集中控制,这个时代称为汽车的电子时代。

目前,微处理器重点应用于以下几个方面:最佳点火时刻控制、最佳空燃比控制、急速控制、废气再循环控制、安全系统、减振控制系统、操纵系统、信息交换和报警系统、汽车导航系统、语音系统等。

未来的汽车设计将朝着环保、节能、操作简单、智能化的方向发展。随着新技术、新材料的不断应用,汽车电气设备将会体积更小、性能更高、维修更简便,更好地满足汽车用户的要求。

二、实施作业

引导问题5 认识汽车电气系统作业需要哪些工具、设备和材料?

(1)示教板、汽车电气系统相关台架;
(2)翼子板护裙、转向盘护套、变速杆护套、座椅护套和脚垫;
(3)雪佛兰科鲁兹轿车。

引导问题6 认识汽车电气系统作业前的准备工作有哪些?

(1)汽车进入工位前,将工位清理干净,准备好相关器材;
(2)将汽车停放在工位上;
(3)拉紧驻车制动器操纵杆;
(4)套上转向盘护套、变速杆护套、座椅护套、铺设脚垫,如图1-5所示;
(5)在车内拉动发动机舱盖开启手柄,在车外开启并支撑发动机舱盖,如图1-6所示;

图1-5 套上护套和铺设脚垫

图1-6 支撑发动机舱盖

(6)粘贴翼子板护裙,如图1-7所示。

图1-7 粘贴翼子板护裙

引导问题7 如何全面认知汽车电气系统?

(1)回顾汽车电气系统的特点;
(2)在实训室车辆发动机舱内观察汽车电源系统中的双电源的安装位置;
(3)观察实训室发动机台架电脑搭铁点的位置;
(4)观察用电系统中各子系统的安装位置。

三、评价反馈

对本学习任务进行评价,填写表1-1。

评 分 表　　　　　　　　表1-1

考核项目	评分标准	分数	学生自评	小组评价	教师评价	小计
活动参与	是否积极主动	5				
安全生产	有无安全隐患	10				
现场5S	是否做到	10				
任务方案	是否合理	15				
操作过程	电解液液面高度检查; 电解液密度检查; 蓄电池端电压检查; 蓄电池更换	30				
任务完成情况	是否圆满完成	5				
工具和设备使用	是否规范、标准	10				
劳动纪律	是否违反	10				
工单填写	是否完整、规范	5				
总分		100				
教师签名:				年 月 日	得分	

四、学习拓展

1. 填空题

(1)现代汽车电气系统除汽车电源外,还由_____、检测系统和_____系统三部分构成,每一部分又由若干个独立子系统_____组成。

(2)汽车上用电系统大致可分为_____、_____、_____、信号系统、_____、_____。

2. 简答题

(1)请简述汽车电气系统的特点。

(2)请简述汽车电气系统的组成,并阐明它们的作用。

学习任务二

常用汽车电器维修工具认知

学习目标

完成本学习任务后,你应当能:
(1)掌握汽车电器基础元件的作用;
(2)掌握汽车电器系统基本检测工具的选择和使用方法;
(3)会检修汽车电器的基础元件。

 建议完成本学习任务的时间为 2 课时。

 学习任务描述

通过努力回顾课堂上的学习内容,小李顺利地通过了第一轮面试。面试官要求他第二天去车间进行实操考核。小李十分珍惜这个机会,决定向他的老师请教。老师带他来到车间,告诉他一辆别克威朗的车前照灯不亮,请他对其进行检修。

一、资料收集

引导问题 1 汽车电器基础元件有哪些?

1 熔断装置

当电路中流过超过规定的过大电流时,汽车电路熔断装置能够切断电路,从而防止烧坏电路连接导线和用电设备,并把故障限制在最小范围内。汽车上的熔断装置主要有:熔断器、易熔线和断路器。

1)熔断器(保险丝)

熔断器和易熔线符号如图 1-8 所示,熔断器在电路中起保护作用。当电路中流过超过

项目一 汽车电气设备概述

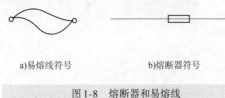

a)易熔线符号　　　　b)熔断器符号

图1-8　熔断器和易熔线

规定的电流时,熔断器的熔丝自身发热而熔断,切断电路,防止烧坏电路连接导线和用电设备,并把故障限制在最小范围内。熔断器一般安装在仪表盘附近或发动机舱盖下面的熔断器盒内,常与继电器组装在一起,构成全车电路的中央接线盒。

熔断器外观与熔断电流值标注如图1-9所示。橘黄色的为5A、咖啡色的为7.5A、红色的为10A、蓝色的为15A、黄色的为20A、透明色的为25A、绿色的为30A、深橘色的为40A。

5A　　　　　　1A　　　　　　15A

图1-9　熔断器

一般情况下,环境温度在18~32℃时,流过熔断器的电流为额定电流的1.1倍时,熔丝不熔断;达到1.35倍时,熔丝在60s内熔断;达到1.5倍时,20A以内的熔丝在15s内熔断,30A的熔丝在30s内熔断。

熔断器在使用中应注意以下几点:

(1)熔断器熔断后,必须真正找到故障原因,彻底排除故障;

(2)更换熔断器时,一定要与原规格相同;

(3)熔断器支架与熔断器接触不良会产生电压降和发热现象,安装时要保证良好接触。

2)易熔线

易熔线是一种大容量的熔断器,用于保护电源电路和大电流电路,如图1-10所示。

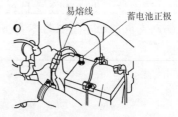

图1-10　易熔线

易熔线在使用中应注意以下几点:

(1)绝对不允许换用比规定容量大的易熔线;

(2)易熔线熔断,可能是主要电路发生短路,因此,需要仔细检查,彻底排除隐患;

(3)不能和其他导线绞合在一起。

3)断路器

断路器如图1-11所示,在电路中用于防止有害的过载电流(额外的电流)。断路器是机械装置,它利用两种不同金属(双金属)的热效应断开电路。如果额外的电流经过双金属带,双金属带弯曲,触点开路,阻止电流通过。当电路断路器冷却,触点再次闭合,电路导通。当无电流时,双金属带冷却而使电路重新闭合,电路断路器复位。

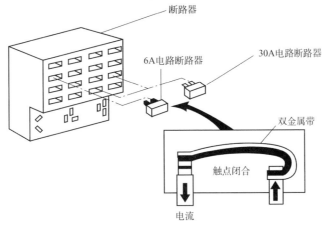

图 1-11　断路器

2 继电器

一般情况下,汽车上使用的操纵开关的触点容量较小,不能直接控制工作电流较大的用电设备,常采用继电器来控制它的接通与断开。继电器可以实现自动接通或切断一对或多对触点,完成用小电流控制大电流,可以减小控制开关的电流负荷,保护电路中的控制开关。如进气预热继电器、空调继电器、喇叭继电器、雾灯继电器、中间继电器等,如图 1-12 所示。

汽车上的继电器有很多,常见的有三类:常开继电器、常闭继电器和混合型继电器。继电器的每个插脚都有标号,与中央接线盒正面板的继电器插座的插孔标号相对应,常见类型见表 1-2。

图 1-12　继电器

继电器常见类型　　　　　　　　　　　　　表 1-2

型号	外型	电路	引线标号	颜色
1T				黑
1M				蓝

续上表

型号	外型	电路	引线标号	颜色
2M				棕色
1M、1B				灰色

注：要想在原车上安装额外的电子附件，简单的接入已有的电路中可能会使熔断装置或配线过载。采用继电器扩展可有效解决这一问题，如图1-13所示。

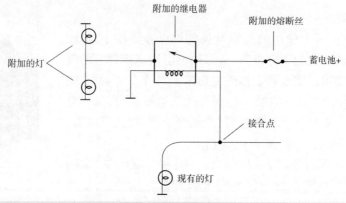

图1-13　继电器的运用

3 开关

汽车上各种电器控制系统的工作均受控于开关，汽车电气开关有组合开关和单体开关，现代汽车多采用组合开关，用于提高汽车的性能和乘坐舒适性，若采用较多的单体开关，汽车内部布置会很乱，因此，现代汽车将很多功能相近的控制系统的开关组合在一起，如灯光系统组合开关、音响组合开关、空调组合开关、驾驶人车门组合开关等，如图1-14所示。

开关在电路图中的表示方法有结构图表示法、表格表示法和图形符号表示法等。以点火开关为例，介绍电路中开关的表示方法（图1-15）。点火开关的功能主要有锁住转向盘转轴（LOCK挡）、接通仪表指示灯（ON或IG挡）、起动发动机（ST或START挡）、给附件供电（ACC挡，主要是收放机、点烟器）及发动机预热（HEAT挡）。其中，在起动挡、预热挡工作时消耗电流很大，开关不宜接通过久，所以这两个挡位在操作时必须用手克服弹簧力，扳住点火钥匙，一松手就弹回点火挡，不能自行定位，其他各挡位均可自行定位。

a) 灯光系统组合开关　　　　b) 驾驶人车门组合开关

图 1-14　组合开关

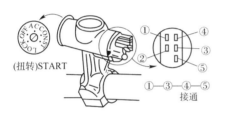

图 1-15　开关的表示方法

4 插接器

插接器就是通常所说的插头与插座，用于线束与线束或导线与导线间的相互连接。为了防止插接器在汽车行驶中脱开，所有的插接器均采用了闭锁装置。图 1-16 所示为插接器接口。

图 1-16　插接器

要拆开插接器时，首先要解除闭锁（图 1-17），然后把插接器拉开，不允许在未解除闭锁的情况下用力拉导线，这样会损坏闭锁装置或导线。有些插接器用钢丝扣锁止，取下钢丝扣后才能将插接器拔开。在插接器端子有接触不良或断线故障时，可将插接器分解，用小一字型螺丝刀或专用工具从壳体中取出导线及端子进行修理或更换。

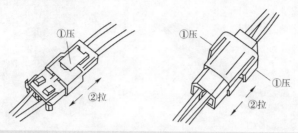

图 1-17 插接器的拆卸

5 导线

汽车电气系统的导线有低压线和高压线两种。低压线又有普通线、起动电缆和控制电缆之分;高压线又有铜芯线和阻尼线之分。

1) 低压导线

(1) 导线的截面积。普通低压导线为铜质多丝导线,导线的截面主要根据用电设备的额定电流进行选择。但截面太小,机械强度差,易折断。一般汽车电器导线截面积不小于 $0.5mm^2$。各种低压导线标称截面积允许的负载电流见表1-3。

低压导线标称截面积允许的负载电流值 表1-3

导线标称截面积(mm^2)	1.0	1.5	2.5	3.0	4.0	6.0	10	13
允许电流值(A)	11	14	20	22	25	35	50	60

汽车12V电器主要线路导线标称截面积选择的推荐值见表1-4。

12V电器主要线路导线标称截面积选择的推荐值 表1-4

汽车类型	截面积(mm^2)	用途
轿车 货车 挂车	0.5	尾灯、顶灯、指示灯、仪表灯、牌照灯、燃油表、刮水器电动机
	0.8	转向灯、制动灯、停车灯、分电器
	1.0	前照灯的单线(不接熔断器)、电喇叭(3A以下)
	1.5	前照灯的电线束(接熔断器)、电喇叭(3A以上)
	1.5~4	其他连接导线
	4~6	电热塞
	4~25	电源线
	16~95	起动机电缆

(2) 导线的颜色。为便于安装和检修,汽车采用双色导线,主色为基础色,辅色为环布导线的条色带或螺旋色带,且标注时主色在前,辅色在后。以双色为基础选用时,各用电系统的电源线为单色,其余为双色,双色线的主色见表1-5。

汽车电器各系统导线颜色代号 表1-5

系统名称	电线主色	代号	系统名称	电线主色	代号
电器装置搭铁线	黑	B	仪表、报警指示和喇叭系统	棕	Br
点火起动系统	白	W	前照灯、雾灯等外部照明系统	蓝	Bl

续上表

系 统 名 称	电线主色	代号	系 统 名 称	电线主色	代号
电源系统	红	R	各种辅助电器及操纵系统	灰	Gr
灯光信号系统	绿	G	收放音机、点烟器等系统	紫	V
车身内部照明系统	黄	Y			

（3）线束。为使全车线路规整,安装方便及保护导线的绝缘,汽车上的全车线路除高压线、蓄电池电缆和起动机电缆外,一般将同区域的不同规格的导线用棉纱或薄聚氯乙烯带缠绕包扎成束,称为线束。

线束安装与检修的注意事项：

①线束应用卡簧或绊钉固定,以免松动磨坏；

②线束不可拉得过紧,尤其在拐弯处,在绕过锐角或穿过金属孔时,应用橡皮或套管保护,否则,容易磨坏线束而发生短路、搭铁,以至烧毁全车线束；

③连接电器时,应根据插接器的规格及导线或插接头的颜色,分别接于电器上并插接到位。难以辨别时,一般可用试灯区分,而不要用刮火法。

2）高压导线

高压导线使用于汽车点火线圈至火花塞之间的电路,高压导线分为普通铜芯高压导线和高压阻尼点火导线,带阻尼的高压导线可抑制和衰减点火系产生的高频电磁波,降低对电控装置和无线电设备的干扰。高压导线如图1-18所示。

图1-18　高压导线

引导问题2　汽车电气设备基本检测工具有哪些？

1 跨接线

跨接导线有时可作为故障诊断的辅助工具。跨接线如图1-19所示,是一段可长可短的多股导线,其两端分别接有鳄鱼夹或不同形式的插头,可以在不同场合下使用。汽车电工一般都备有多种形式的跨接线,可对怀疑有断路的导线进行代替甄别；也可以在不需要某部件的功能时,用跨接线将其短路,以检查部件的工作情况；也可用于不依赖电路中的开关或导线而向电路中加上蓄电池电压,如图1-20所示；此外,在汽车电控系统的故障自诊断中,常常需要用专门的各种形式用跨接线跨接(跳线)在专用检测接口内规定的插座或插头上,以完成调取故障码的作业,使检修人员能顺利

图1-19　跨接线

地进行故障诊断。它可配上与通导性测试笔相同的探针和夹子,也可设计为各种特殊形式。切勿将跨接线直接跨接在蓄电池的两端或蓄电池正极和搭铁之间。

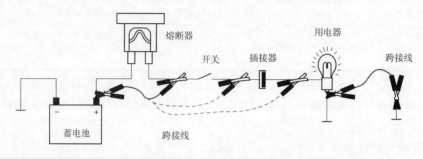

图1-20 跨接线的使用

2 测试灯

测试灯主要用于汽车电路故障的检查,根据灯的亮灭及明暗程度可判断电路有无断路、短路、搭铁故障以及被测电路的电压大小。汽车电路的检测试灯有无源试灯和有源试灯两种。

1)12V 无源测试灯

12V 无源测试灯就是在一段导线中连接一个12V 灯泡,两端是各种型号的探针,如图1-21 所示,当试灯一端搭铁另一端接触到带电的导体时,灯泡就会点亮,电路无故障,如图1-22 所示,它不能像电压表显示出被检电路两点的电压,只能显示是否有电压。即只能用于检查电源电路各线端是否有电。

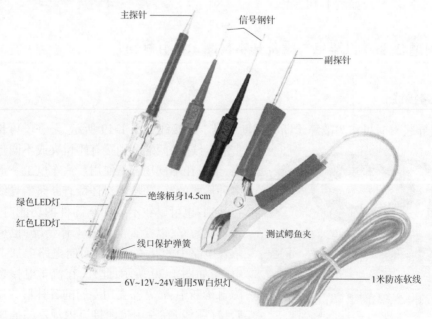

图1-21 无源测试灯

警告：不提倡用测试灯检测计算机控制系统的电路，容易烧坏电脑的内部控制电路，除非维修手册中有特殊说明，方可进行。

2）12V有源测试灯

有源测试灯也被称为导通检测器，用来检查电路是否导通。它同无源测试灯结构基本类似，只是在手柄内自带2节1.5V干电池的电源。连接到一条导线的两端上时，测试灯内灯泡点亮，可用于测试线路的断路和短路故障，如图1-23所示。

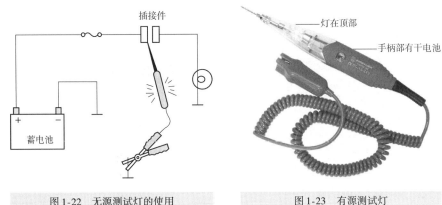

图1-22 无源测试灯的使用　　　　图1-23 有源测试灯

（1）断路故障检查。首先断开与电器部件相连的电源电路，将测试灯一端搭铁，另一端在电路各接点（从电路首端开始）。如果灯不亮，则断路出现在被测点与搭铁之间；如果灯亮，则断路出现在此时被测点与上一个被测点之间。

（2）短路故障检查。首先断开电器部件的电源线和搭铁线，将测试灯一端搭铁，另一端与余下电器部件的电路相接。如果灯亮，表示有短路（搭铁）故障存在。然后逐步将电路中的插接器拔开，断开开关，拆除各部件，直到灯熄灭为止，则短路出现在最后两个开路部件之间。

警告：不能用有源测试灯测试带电电路，否则，会损坏试灯。

注意事项：

（1）不可用测试灯检查汽车电子控制系统，除非维修手册中有特殊说明，方可进行；

（2）不能使用测试灯测试安全气囊线路与部件，否则，会引起安全气囊误爆。

3 万用表

万用表有指针式和数字式两种，数字式万用表具有测试精确的电子电路，准确度远远超过指针式万用表，普遍用于汽车电器故障诊断与检测。

1）指针式万用表

指针式万用表有500型、MF9型、MF10型等多种型号，一般都可以测量直流电压、直流电流、交流电压、电阻等，有的还可以测量交流电流、电容等。利用一个在所测数值相关刻度上摆动的弹簧指针来显示所测数据。使用者要按所设定的量程，判定并读出仪表上的示值。每换一次电阻挡量程，均应先调零位。指针式万用表的外型如图1-24所示。

2）数字式万用表

不同的汽车万用表功能及结构不尽相同，但基本都是由数字及模拟量显示屏、功能按钮、测试项目选择开关、温度测量插孔、公用插孔(用于测量电压、电阻、频率、闭合角、频宽比和转速等)、搭铁插孔、电流测量插孔、测试探针(或大电流钳)等全部或部分构成。普通数字万用表面板如图1-25所示。

图1-24 指针式万用表

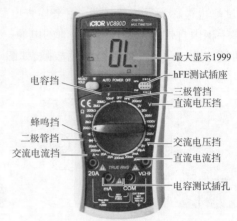

图1-25 数字式万用表

数字式万用表图示说明见表1-6。

数字式万用表图示说明　　　　表1-6

项　目	图　示	备注说明
符号的含义	V⎓ 直流电压 V∼ 交流电压 A⎓ 直流电流 A∼ 交流电流 Ω 欧姆 Hz 频率 hFE 晶体管测试 F 电容 ▶⊢ 二极管 ℃ 温度	有的万用表用"DC"表示直流,"AC"表示交流
表笔的安装	红表笔为正 黑表笔为负 黑表笔只插"COM" 红表笔插入不同的空测量不同的数据	A:安培 mA:毫安 COM:公共端(负极)
超出量程范围		应选择更高量程

续上表

项　目	图　示	备注说明
表笔极性与实际电源极性相反		数值左边出现"-",表明表笔极性与实际极性相反,此时红表笔接的负极,应更换
测量结束打到 OFF 挡		避免放电
直流电压的测量		将黑表笔插入"COM"孔,红表笔插入"VΩ"。将旋钮旋到"V⋯"区域,且选择比估计值大的量程,把表笔接电源或蓄电池的两端,从显示屏上读取实际值,若显示"OL",则表明量程太小,需要加大量程

3）汽车专用万用表

汽车专用万用表也称汽车万用表,是一种数字式万用表,如图 1-26 所示。它除了完成以上常规电量的测试,还要完成很多汽车特有的参数测试,比如转速、闭合角、接通角、占空比、温度、频率等,并具有自动断电、自动量程变换、图形显示、峰值保留和数据锁定等。具有图形显示功能的汽车万用表,也称图形汽车万用表。它不仅具有一般的汽车万用表的所有功能,而且还能将信号以图形的方式显现出来。

4　钳形电流表

使用万用表测量电路中的电流时,需要断开电路并将万用表串接在电路当中,然后再通电进行测量,并且只能测量小的电流。而钳形电流表可以不用断开线路就可以测量大电流。钳形电流表的外形如图 1-27 所示。

图 1-26　汽车专用万用表

钳形电流表的工作原理如图 1-28 所示,其主要部件是穿心式电流互感器。在测量时,将钳形电流表的磁铁钳头套在被测导线上,形成匝数为 1 匝的初级线圈。接通电路后通过电磁感应,次级线圈产生感应电流,与次级线圈相连的电流表指针便发生偏转,指示线路中电流的数值。

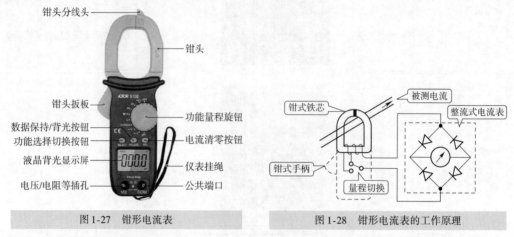

图 1-27　钳形电流表　　　　图 1-28　钳形电流表的工作原理

钳形电流表的使用注意事项:

(1)测量前应根据负载的大小粗估电流的数值,然后从高挡向抵挡切换。

(2)测量较小的电流时,如果钳形电流表量程较大,可将被测导线在钳形电流表口内绕几圈,然后读数。线路中实际的电流值应为仪表读数除以导线在钳形电流表上所绕的匝数。

(3)不能在测量过程中转动转换开关换挡。在换挡之前,应先将载流导线退出钳口。

(4)应注意身体各部分与带电体保持安全距离(低压系统安全距离为 0.1~1.3m),不能测量裸导体的电流。

(5)测量时,应尽量远离强磁场,戴绝缘手套或干净的线手套。

(6)当干电池电量变低时,显示屏上会显示"BATT",此时要更换新干电池。

5　汽车故障诊断仪

故障诊断仪通过数据通信线以串行的方式获得控制电脑的实时数据参数,包括故障信息、实时运行参数、控制电脑与诊断仪之间的相互控制指令。故障诊断仪有两种:通用诊断仪和专用诊断仪。

1)通用诊断仪

通用诊断仪的主要功能有:控制电脑版本的识别、故障码的读取和清除、动态数据参数显示、传感器和部分执行器的功能测试与调整、某些特殊参数的设定、维修资料及故障诊断提示、路试记录等。通用诊断仪可测试的车型较多,使用范围较宽,但它与专用诊断仪相比,无法完成某些特殊功能。通用诊断仪如图 1-29 所示。

2)专用诊断仪

专用诊断仪除具有通用诊断仪的功能之外,还能完成某些特殊功能,诊断的内容更深、更完善。专用诊断仪如图 1-30 所示。

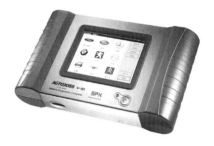

a)车博仕V-30   b)金德KT600

图1-29 通用诊断仪

a)大众VAG1552诊断仪   b)大众VAG5051诊断仪

图1-30 专用诊断仪

6 汽车示波器

常见的汽车专用示波器按功能不同,一般可分为专用型示波器和综合型示波器两种。

1)专用型示波器

这类示波器专用性比较强,可以精确地显示各种变化的波形,如点火线圈初级和次级波形、各种传感器的输入输出电压波形、各种执行器的电流或电压波形、脉冲宽度和占空比等,缺点是功能比较单一。金奔腾 Diag Tech-I 汽车专用示波器如图1-31所示。

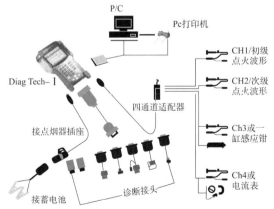

图1-31 金奔腾 Diag Tech-I 汽车专用示波器

2) 综合型示波器

除了具有专用型示波器的一般功能外,通常还具有读取与消除故障码功能和动态数据分析功能等,部分诊断仪还具有发动机动力性能测试功能等,缺点是系统稳定性及精度略低。金德 KT600 综合型示波器如图 1-32 所示。

注意事项:

(1) 测试点火高压线时,必须使用专用探头,不能将示波器探头直接接入点火次级电路;

图 1-32　金德 KT600 综合型示波器

(2) 使用汽车专用示波器时,注意远离热源,如排气管、催化器等,温度过高会损坏仪器;

(3) 汽车示波器在测试时,要注意尽量离开风扇叶片、传动带等转动部件;

(4) 测试时确认发动机舱盖支撑良好,防止发动机舱盖自动下降时伤及头部或示波器;

(5) 路试时,不要将汽车专用示波器放在仪表台上方,最好是拿在手中测试。

引导问题 3　汽车电气系统常用故障诊断方法有哪些?

汽车电路发生故障主要有:断路、短路、电器设备的损坏等。为了能迅速准确地诊断故障,下面介绍几种常见的诊断方法。

1 直观诊断法

汽车电路发生故障时,有时会出现冒烟、火花、异响、焦臭、发热等异常现象。这些现象可通过人的眼、耳、鼻、身感觉到,从而可以直接判断出故障所在部位。

例如:汽车行驶中,突然发现转向灯与转向指示灯均不亮,用手一摸,发现闪光器发热烫手,说明闪光器已被烧坏。

2 断路法

汽车电路发生搭铁(短路)故障时,可用断路法判断,即将怀疑有搭铁故障的电路断路后根据电器设备中搭铁故障是否还存在,判断电路搭铁的部位和原因。

例如:汽车行驶时,听到电喇叭长鸣,则可以将继电器"按钮"接柱上的导线拆开。此时如果喇叭停鸣,则说明喇叭按钮至继电器这段电路中有搭铁现象。

3 短路法

汽车电路中出现断路故障,还可以用短路法判断,即用螺丝刀或导线将被怀疑有断路故障的电路短接,观察仪表指针变化或电器设备工作状况,从而判断出该电路中是否存在断路故障。

例如:怀疑汽车电路中的各种开关有故障,可用导线将开关短接来判断开关是好是坏。

4 试灯法

试灯法是利用试灯对线路故障进行诊断的一种方法,其优点是可迅速地判断出电路中的短路、断路故障。

5 仪表法

观察汽车组合仪表中的冷却液温度表、燃油表、机油压力表、电压表等的指示情况来判断电路中有无故障。

例如:发动机冷态,接通点火开关时,冷却液温度表指示满刻度位置不动,说明冷却液温度传感器有故障或该线路有搭铁。

6 换件法

换件法在实际故障诊断中经常采用,使用一个无故障的元件替换怀疑可能出现故障的元件,观察出现故障系统的工作情况,从而判断故障所在。采用换件法必须注意的是,在换件前要对其线路进行必要的检查,确保线路正常方可使用,否则会造成更大的损失。

7 仪器法

随着汽车电气设备的日趋复杂,在维修中,特别是维修装置电子设备较多的车辆,使用一些专用的仪器是十分必要的。

二、实 施 作 业

引导问题 4 检测继电器作业需要哪些工具、设备和材料?

(1)扳手、旋具、尖嘴钳、跨接线、万用表、继电器、游标卡尺;
(2)翼子板护裙、转向盘护套、变速杆护套、座椅护套和脚垫;
(3)各种开关、保护装置、灯泡、蓄电池、电烙铁、导线;
(4)别克威朗轿车维修手册。

引导问题 5 怎样检测继电器?

1 静态检测

可用万用表测量电阻法检查判断继电器的好坏。用万用表 R×100Ω 挡检查线圈(85)脚与(86)脚、(87)脚与(87a)脚应导通。而开关(87)脚与(30)脚间电阻应为∞(无穷大)。如检得结果与上述规律不符,说明继电器有问题。

2 通电检测

如果上述检查无问题,可在线圈(85)与(86)脚间加 12 V 供电,用万用表检查开关(87)脚与(30)脚应导通,并且能够听到一声"咔哒"的吸合声。如检查结果不符合上述规律,或通电后继电器发热,均说明其已损坏。其他各种继电器均可按上述方法进行检测判断。

3 数据记录

(1)静态检测:线圈＿＿＿＿＿＿＿＿＿＿＿ 开关＿＿＿＿＿＿＿＿＿＿＿

(2)通电检测:开关＿＿＿＿＿＿＿＿＿＿＿＿＿＿＿＿＿

(3)结果分析＿＿＿＿＿＿＿＿＿＿＿＿＿＿＿＿＿＿＿＿＿＿＿

三、评价反馈

对本学习任务进行评价,填写表1-7。

评 分 表　　　　　　　　　　表1-7

考核项目	评分标准	分数	学生自评	小组评价	教师评价	小计
活动参与	是否积极主动	5				
安全生产	有无安全隐患	10				
现场5S	是否做到	10				
任务方案	是否合理	15				
操作过程	继电器静态测试; 继电器通电测试; 结果分析	30				
任务完成情况	是否圆满完成	5				
工具和设备使用	是否规范、标准	10				
劳动纪律	是否违反	10				
工单填写	是否完整、规范	5				
总分		100				
教师签名:				年 月 日	得分	

四、学习拓展

1. 填空题

(1) 汽车电路由_____、_____、_____和连接导线组成。

(2) 为了防止电路或元件因_____或_____而烧坏线束和用电设备,电路中均设置_____装置。

(3) _____之间的连接、_____之间的连接、_____之间的连接均采用插接器。

2. 简答题

(1) 用灯泡、导线、熔断丝、继电器、小开关、点火开关、蓄电池制作一个简易的灯泡控制电路并画出电路简图。

(2) 用万用表进行电路检测并记录。

(3) 熔断器为什么能起"保险"作用?

项目二 电源系统

学习任务一
蓄电池认识与维护

学习目标

完成本学习任务后,你应当能:
(1) 了解蓄电池的类型及作用;
(2) 熟悉蓄电池的结构;
(3) 掌握蓄电池的工作原理;
(4) 能够规范的更换蓄电池。

 建议完成本学习任务的时间为 4 课时。

 学习任务描述

一辆雪佛兰科鲁兹轿车,行驶 60000km,车主要求对整车进行维护。需要你按照"维护标准和要求",对蓄电池进行检查或更换。可参考维修手册等技术资料,排除蓄电池工作异常故障。

一、资料收集

引导问题1 汽车蓄电池有哪些用途？

蓄电池是一种储存与释放电能的装置，属于低压直流电设备，它不是直接储存电能，而是利用外部的电能使内部活性物质再生，把电能存储为化学能。当连接外部负载或接通充电电路，蓄电池可实现能量转换，即放电和充电。在蓄电池放电过程中，蓄电池内部的化学能转变成电能，向用电设备供电；在蓄电池充电过程中，外部电源的电能转变成蓄电池内部的化学能储存起来。

此外，蓄电池具有以下几点用处：

（1）起动发动机。汽车蓄电池主要用于发动机起动。发动机起动时，蓄电池向起动系和点火系供电，提供大电流，一般可达 200～600A，每次起动发动机的时间不宜超过 5s。

（2）备用供电。当发动机停止运转或怠速运转时，向用电设备供电，或电负荷超过发电机供电能力时，协助发电机供电。

（3）存储电能。在发电机正常工作时，将发电机发出的多余电能存储起来。

（4）稳定电压。稳定整车电气系统电压，缓和电气系统中的冲击电压，保护电子部件。

引导问题2 普通铅酸蓄电池由哪几部分组成？

汽车蓄电池一般分隔为 6 个单格，每个单格蓄电池的额定电压为 2V，将 6 个单格蓄电池串联后制成一只 12V 蓄电池总成，如图 2-1 所示。蓄电池主要由正负极板、隔板、电解液、外壳、联条、极柱、蓄电池顶盖及加液孔盖等部分组成。

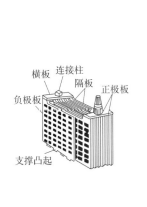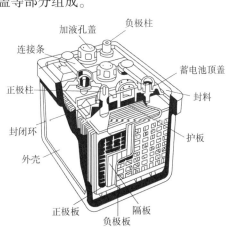

图 2-1　普通铅酸蓄电池的结构

1 极板

极板是蓄电池的核心部分,蓄电池充、放电过程中,电能和化学能的相互转换,就是依靠极板上活性物质和电解液中硫酸的化学反应来实现的。极板由栅架和活性物质组成,活性物质填充在铅锑合金铸造成的栅架上,如图2-2所示。极板分为正极板和负极板,正极板上的活性物质是深棕色二氧化铅(PbO_2),负极板上的活性物质是青灰色海绵状纯铅(Pb)。在栅架的铅锑合金中,加入锑是为了提高栅架的机械强度,并改善铸造性能。由于单片极板上的活性物质数量少,所存储的电量少,为了增大蓄电池的容量,通常将多片正、负极板分别并联,用横板焊接,组成正、负极板组,如图2-3所示。横板上连有极柱,各片间留有间隙,正、负极板相互嵌合,中间插入隔板。由于正极板的机械强度差,单面工作会使两侧活性物质体积变化不一致而造成极板拱曲,活性物质脱落,因此,在每个单格蓄电池中,负极板的数量总比正极板多一片,正极板处于负极板之间,使正极板两侧放电均匀。

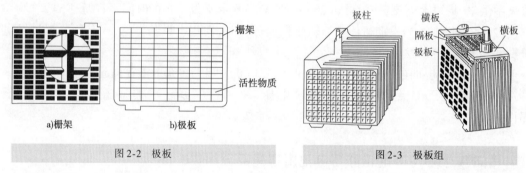

图2-2 极板　　　　　　　　　图2-3 极板组

2 隔板

隔板置于正、负极板之间,以避免正、负极板之间接触而短路。隔板具有多孔性,以便电解液渗透,且化学稳定性好,具有耐酸和抗氧化性。

隔板的材料有木质、微孔橡胶、微孔塑料等。微孔塑料隔板孔径小、孔率高、薄而软,生产效率高、成本低。

隔板带槽的一面朝向正极板,且沟槽与外壳底部垂直。因为正极板在充、放电过程中化学反应剧烈,沟槽既能使电解液上下沟通,也能使气泡沿槽上升,还能使脱落的活性物质沿槽下沉。

3 电解液

电解液是蓄电池发生化学反应的主要物质。它由化学纯净硫酸(密度为$1.84g/cm^3$)和蒸馏水按一定的比例配制而成。配制电解液时,必须使用耐酸的器皿,只能将硫酸慢慢地倒入蒸馏水中,并不断搅拌。电解液的密度一般为$1.24 \sim 1.30g/cm^3$(25℃),应根据地区、气候条件和制造厂的要求而定。

在蓄电池使用中应注意,电解液的腐蚀性极强,溅到皮肤上或眼睛里会受伤。如果接触了蓄电池电解液,要立即用苏打水(苏打中和酸)冲洗,酸液溅到眼睛里要立即用凉水或医用冲眼器冲洗,并请医生处置。

4 壳体

蓄电池的极板、隔板和电解液置于壳体中。壳体耐酸、耐热、耐振动、绝缘性好,通常采用硬橡胶或聚丙烯塑料制成。

蓄电池的正、负极板之间所能产生的电压大约为1V。为了获得更高的电压,壳体内部一般分成3个或6个互不相通的单格,构成3个或6个2.1V单格蓄电池。蓄电池内单格蓄电池之间均用铅质联条串联,形成6V或12V蓄电池。联条有外露式和穿壁式,其中,采用穿壁式联条连接单格蓄电池,联条在蓄电池内部,尺寸较小,可减小蓄电池内阻,如图2-4所示。

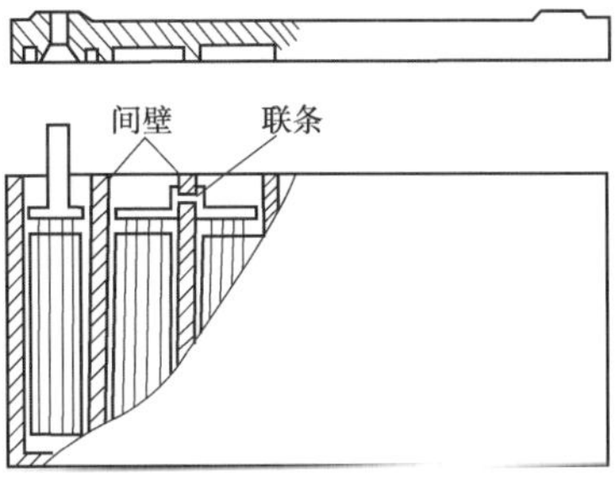

图2-4 单格蓄电池穿壁式连接示意图

壳体内每个单格的底部制有凸起的肋条,用来安置极板组与隔板。肋条之间的空隙可以积存极板脱落的活性物质,防止正、负极板短路。

每个单格蓄电池都有一个加液孔,用于加注电解液或蒸馏水,也可检查电解液液面高度和密度。加液孔装有加液孔盖,可防止电解液溅出。加液孔盖上有通气孔,以便随时排出蓄电池内化学反应产生的氢气(H_2)和氧气(O_2),防止壳体胀裂。使用中,应保持此通气孔畅通。

引导问题3 蓄电池是怎样进行充电和放电的?

蓄电池的充、放电过程就是化学能与电能的相互转化过程,如图2-5所示。

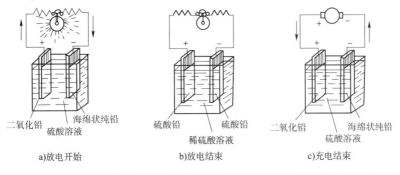

a)放电开始   b)放电结束   c)充电结束

图2-5 蓄电池的工作过程

1 蓄电池的放电

1)放电过程

蓄电池的放电过程如图2-6所示。当蓄电池的电量充足时,正极板上的活性物质是

PbO_2(二氧化铅),负极板上的活性物质是 Pb(铅)。正极板上二氧化铅电离为 Pb^{4+}(正四价铅离子)和 O^{2-}(氧离子),Pb^{4+}(正四价铅离子)附着在正极板上,O^{2-}(氧离子)进入电解液中,使正极板具有 2.0V 的正电位。负极板上的 Pb(铅)电离为 Pb^{2+}(正二价铅离子)和 e^-(电子),Pb^{2+}(正二价铅离子)进入电解液中,e^-(电子)留在负极板上,使负极板具有 -0.1V 的负电位。这样正负极板之间就有了 2.1V 电位差。

当接通电路时,在 2.1V 电位差作用下,电流从正极流出,经过灯泡流回负级,灯泡发光(图 2-5a)。在放电过程中,正极板上 Pb^{4+}(正四价铅离子)与电子结合生成 Pb^{2+}(正二价铅离子),再与电解液中 SO_4^{2+}(硫酸根离子)结合生成 $PbSO_4$(硫酸铅),附着在正极上,同时,O^{2-}(氧离子)和电解液中 H^-(氢离子)结合生成 H_2O(水);负极板上 Pb^{2+}(正二价铅离子)也同 SO_4^{2+}(硫酸根离子)结合生成 $PbSO_4$(硫酸铅),附着在负极板上。

放电时,电解液中的 H_2SO_4(硫酸)被消耗,而 H_2O(水)增多,电解液密度逐渐下降。

2)放电特性

蓄电池放电特性是指充足电的蓄电池在恒电流放电过程中,蓄电池的端电压、电解液密度随放电时间的变化规律。蓄电池以 20h 放电率恒流放电的特性曲线如图 2-7 所示。电解液相对密度 $\rho_{25℃}$ 随着放电的进行按直线规律下降,这是因为在恒流放电过程中,单位时间内消耗的硫酸和生成水的数量是一定的。端电压下降较快,中间较平缓,接近放电终了时,又迅速下降,当电压降到 1.75V 时(若继续放电,电压将急剧下降到零),若切断放电电流,端电压 U 又上升到一定值(1.95V)。

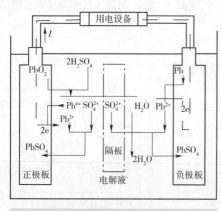

图 2-6 蓄电池的放电过程示意图

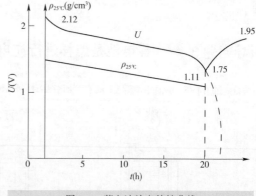

图 2-7 蓄电池放电特性曲线

3)放电终了标志

通常把端电压急剧下降的临界点,称为放电终了。当蓄电池放电电压降到放电终了时,必须停止放电,否则,将影响蓄电池的使用寿命和容量。

蓄电池是否放完电,通常测量其端电压和电解液密度来判断,须同时符合放电终了标志。

蓄电池放电终了的标志如下:

(1)单格蓄电池电压下降到放电终了电压值(以 20h 放电率放电时,此值为 1.75V);

(2)电解液密度下降到最小允许值(约为 $1.11g/cm^3$)。

2 蓄电池的充电

1）充电过程

蓄电池的充电过程如图2-8所示。

将放电后的蓄电池与外部直流电源（充电机或发电机）连接（图2-5c），蓄电池正极连接直流电源正极，蓄电池负极连接直流电源负极，当外加直流电源电压高于蓄电池电动势时，电流将以放电电流相反的方向流过蓄电池，使蓄电池正、负极发生与放电相反的化学反应。

充电时，外加电流将正极板上 e^-（电子）经外电路输送到负极板，正极板上 Pb^{2+}（正二价铅离子）因失去电子成为 Pb^{4+}（正四价铅离子），再与水反应生成 PbO_2（二氧化铅），附着在正极板上；在负极板上 Pb^{2+}（正二价铅离子）得到 e^-（电子）生成 Pb（铅），附着在负极板上，同时从正、负极板上 SO_4^{2+}（硫酸根离子）与 H^-（氢离子）结合生成 H_2SO_4（硫酸）。

充电时，H_2O（水）被消耗，而 H_2SO_4（硫酸）增多，电解液密度逐渐上升。

2）充电特性

蓄电池充电特性是指在恒流充电过程中，单格蓄电池的端电压和电解液密度随时间的变化规律。蓄电池恒流充电的特性曲线如图2-9所示。电解液密度 $\rho_{25℃}$ 随充电的进行而呈直线上升，这是因为充电电流恒定，单位时间内生成的硫酸数量是一定的。端电压 U 的变化规律不是均衡的，开始充电时，端电压 U 迅速上升，然后端电压 U 缓慢上升到2.4V，有气泡产生，接着端电压又迅速上升到2.7V左右稳定不变，若切断充电电流，端电压下降到一定值（2.12V）。

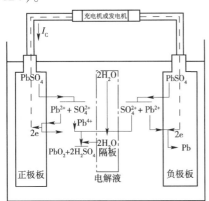

图2-8 蓄电池充电过程示意图

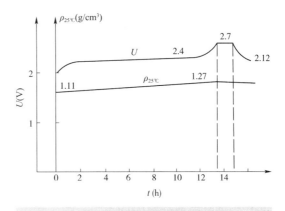

图2-9 蓄电池充电特性曲线

3）充电终了标志

蓄电池是否充足电，须同时符合充电终了标志。

蓄电池充电终了标志如下：

（1）电解液呈沸腾状（电解水产生氢气和氧气）；

（2）电解液密度上升至最大值，且2~3h内不再上升；

（3）单格蓄电池端电压上升至最大值(2.7V)，且2~3h内不再升高。

引导问题 4 ▶ 什么是蓄电池容量？影响蓄电池容量的因素有哪些？

1 蓄电池容量

蓄电池容量是指完全充足电的蓄电池在规定的放电条件下所能输出的电量，用 C 表示，单位为 $A \cdot h$（安·时）。蓄电池容量表示蓄电池对外供电的能力，是衡量蓄电池性能的优劣和选用蓄电池的重要指标。

蓄电池容量等于放电电流和持续放电时间的乘积，如式（2-1）所示，即

$$C = It \tag{2-1}$$

式中：C——蓄电池容量（$A \cdot h$）；

I——放电电流（A）；

t——放电时间（h）。

蓄电池容量与放电电流及电解液的温度等因素有关，为了准确地表示出蓄电池容量，要规定蓄电池的放电条件。在一定放电条件下，蓄电池容量分为额定容量和起动容量。

1）额定容量

额定容量是指完全充足电的蓄电池在电解液平均温度为25℃情况下以20h放电率电流（相当于额定容量的1/20）连续放电至单格蓄电池电压为1.75V时所输出的电量。额定容量是设计容量，是蓄电池性能的重要指标。

例如，3-Q-90型蓄电池，其"90"就是额定容量，是在电解液平均温度为25℃时，以4.5A放电电流连续放电20h后，单格蓄电池电压降至1.75V时得到的电量，即额定容量为 $90 A \cdot h$（$C = 4.5A \times 20h$）。

2）起动容量

起动容量有常温起动容量和低温起动容量两种，表示蓄电池连接起动机时的供电能力。

常温起动容量即电解液温度为25℃时，以5min率放电电流（3倍额定容量的电流）连续放电至规定的终止电压（12V蓄电池为9V）所输出的电量。其放电持续时间应在5min以上。

低温起动容量即电解液温度为-18℃时，以2.5min（3倍额定容量的电流）连续放电至规定的终止电压（12V蓄电池为6V）所放出的电量。其放电持续时间应在2.5min以上。

2 影响蓄电池容量的因素

蓄电池容量与很多因素有关，包括结构因素和使用因素。在结构方面，如增大极板的面积、提高活性物质的多孔率等都可提高蓄电池的容量。蓄电池在使用过程中，使用条件对蓄电池容量的影响尤为重要，影响蓄电池容量的因素有放电电流、电解液温度、电解液密度等。

1）放电电流

放电电流大，蓄电池容量减小，如图2-10所示。因放电电流大时，极板孔隙内硫酸消耗

快,同时,产生的硫酸铅多,硫酸铅堵塞极板孔隙现象明显,阻碍电解液向极板内渗透,致使极板内部大量的活性物质不能参加化学反应,端电压迅速下降,从而极大地缩短了放电时间,使得蓄电池容量减小。

由于放电电流过大直接影响蓄电池容量,因此,起动发动机(蓄电池大电流放电)的时间不应超过5s,再次起动时时间歇10~15s,以便使电解液充分渗透,使更多活性物质参加反应,否则,会导致蓄电池容量减小,缩短使用寿命。

2)电解液温度

电解液温度降低,蓄电池容量减小,如图2-11所示。因温度低时,电解液黏度增加,渗入极板内部困难;同时,电解液电阻增大,使蓄电池内阻增加,蓄电池端电压下降,导致蓄电池容量减小。

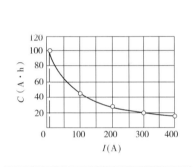

图2-10 蓄电池容量与放电电流的关系　　图2-11 蓄电池容量与电解液温度的关系

由于电解液温度对蓄电池容量影响很大,因此,在寒冷地区冬季使用蓄电池时,应特别注意蓄电池的保暖。

3)电解液密度

适当增加电解液密度,可以提高电解液向极板内的渗透能力,减小蓄电池内阻,使蓄电池容量增加。但电解液密度超过某一值时,由于电解液黏度增加使渗透能力下降,蓄电池内阻增加,又会使蓄电池容量减小,如图2-12所示。

一般情况下,电解液密度稍低,有利于提高蓄电池的放电电流和容量,同时也有利于延长铅酸蓄电池的使用寿命。冬季使用蓄电池时,在保证电解液不结冰的前提下,尽可能使用密度稍低的电解液。

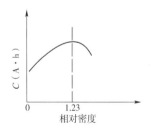

图2-12 蓄电池容量与电解液密度的关系

引导问题5 新型蓄电池有什么特点?

普通蓄电池性能较差、使用寿命短、维护量大。目前,在汽车上广泛使用的蓄电池是在普通蓄电池基础上改进的新型蓄电池,如干式荷电铅蓄电池、免维护蓄电池、胶体电解质蓄电池等。

1 干式荷电铅蓄电池

干式荷电铅蓄电池是指极板在完全干燥的状态下能够较长时间(通常为两年)保存在制造过程中所得到电荷的蓄电池。

干式荷电铅蓄电池只要加入规定密度的电解液,静置 30min,在调整液面高度和密度至规定标准后,不需要进行充电即可使用。干式荷电铅蓄电池现已大量在汽车上应用。

干式荷电铅蓄电池主要是负极板的制造工艺与普通蓄电池不同。普通蓄电池负极板上的海绵状铅(Pb),由于面积大,化学活性高,容易氧化,而使其电量消失。干式荷电铅蓄电池在负极板的铅膏中加入抗氧化剂,并且在化成过程中反复地进行充电、放电,化成后的负极板上海绵状铅(Pb)表面形成一层保护膜,可防止活性物质与空气接触而氧化,采用特殊干燥工艺,制成干荷电极板。

2 免维护蓄电池

免维护蓄电池是指在蓄电池的合理使用期内,无需进行维护或较少维护的蓄电池。通常在使用过程中不需补加蒸馏水,无需进行补充充电等维护。

1)免维护蓄电池的结构特点

(1)极板栅架采用铅钙锡合金材料制成,彻底消除锑的副作用。

(2)采用袋式聚氯乙烯隔板,将正极板装在隔板袋内,既能避免活性物脱落,又能防止极板短路。

(3)通气孔塞采用新型安全通气装置,孔塞内装有过滤器和催化剂。

(4)在内部装有一只密度计,如图 2-13 所示。如果密度计顶部的圆点呈绿色,表示蓄电池电量充足(大约 65% 充电);如果圆点模糊,表示蓄电池电量不足;如果圆点呈黄色,给蓄电池再充电也无济于事;如果此"眼睛"是透亮的,是电解液不足,必须更换蓄电池。

(5)外壳用聚丙烯塑料热压而成,槽底无筋条,极板组直接安放在壳底上,使极板上部容积增大,增大了电解液储存量。

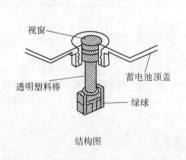
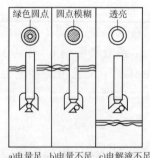

图 2-13 内装密度计

2)免维护蓄电池的使用特点

(1)在整个使用过程中不需补加蒸馏水,减少了维护工作量;

(2)在通气孔塞上设有安全通气装置,可阻止水蒸气和硫酸气体通过,减少了电解液的消耗；

(3) 极柱腐蚀小；

(4) 自放电少，可储存 2 年以上；

(5) 使用寿命长，一般为普通蓄电池的 2~3 倍；

(6) 耐过充电性能好，在充足电时充电电流可接近零；

(7) 内阻小，起动性能好。

3 胶体电解质蓄电池

胶体电解质蓄电池的电解质为胶状电解质，是用经过净化的硅酸钠(Na_2SiO_4)溶液与硫酸(H_2SO_4)的水溶液混合后凝结成稠状胶体物质。

胶体电解质蓄电池使用中，无电解液溅出，活性物质不易脱落，蓄电池使用寿命可延长 20%，只需加蒸馏水，无需调整密度。但胶体电解质电阻较大，使蓄电池内阻增大，容量降低，自放电较严重。

引导问题 6 怎样识别蓄电池型号？

1 蓄电池型号的规定

我国蓄电池的型号按《铅酸蓄电池产品型号编制方法》(JB/T 2599—1993)规定，其型号的组成部分及含义如下：

　　　　　　　　　Ⅰ　Ⅱ　Ⅲ

Ⅰ——串联的单格蓄电池数，用阿拉伯数字表示。

Ⅱ——蓄电池的类型和特征，用汉语拼音字母表示。一般第一个字母用 Q，表示起动型蓄电池；其他字母表示蓄电池的特征，如 A——干式荷电铅蓄电池，W——免维护蓄电池。

Ⅲ——蓄电池的额定容量，用阿拉伯数字表示，不带单位。

2 蓄电池型号示例

(1) 6-Q-90 型蓄电池，表示由 6 个单格蓄电池组成，额定电压为 12V，额定容量为 90A·h 的起动型蓄电池；

(2) 6-QA-90 型蓄电池，表示由 6 个单格蓄电池组成，额定电压为 12V，额定容量为 90A·h 的起动型干式荷电铅蓄电池；

(3) 6-QW-90 型蓄电池，表示由 6 个单格蓄电池组成，额定电压为 12V，额定容量为 90A·h 的起动型免维护蓄电池。

引导问题 7 蓄电池技术状况的检查项目有哪些？

蓄电池技术状况的检查项目包括电解液液面高度的检查、电解液密度的检查、蓄电池端电压的检查等。通过蓄电池电解液密度和端电压的检查,可判断蓄电池的放电程度。

1 电解液液面高度的检查

蓄电池电解液液面高度的检查方法要根据蓄电池的结构形式而定,如图 2-14 所示。

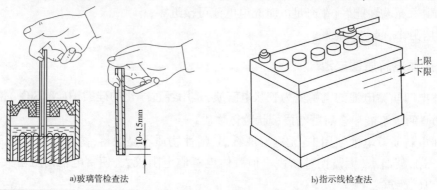

图 2-14 蓄电池电解液液面高度检查

1)玻璃管检查法

用一根空心玻璃管从加液孔插入蓄电池内极板上平面处,用大拇指按紧玻璃管上端,使管口密封,提起玻璃管,测量玻璃管内的电解液高度,即为蓄电池电解液液面高出极板的高度,其标准值为 10 ~ 15mm,如图 2-14a)所示。

2)液面高度指示线检查

对于采用透明塑料壳体的蓄电池,在壳体上刻有两条液面高度指示线,通过观察液面高度指示线可以检查电解液的液面高度,正常液面高度应介于两线之间,如低于下线,表明液面过低,如图 2-14b)所示。

当电解液液面过低时,应及时补加蒸馏水,不允许加入硫酸溶液,电解液液面降低通常是因电解液中的蒸馏水电解和蒸发所致。

2 电解液密度的检查

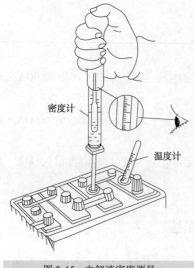

图 2-15 电解液密度测量

测量蓄电池电解液密度时,拧下加液孔盖,将密度计下端的橡胶管伸入加液孔内,用手捏一下橡胶球,再慢慢放开,电解液就会被吸到管中,吸入的电解液不要过多或过少,使管内浮子浮起在合适位置,读取密度计的读数,读数时使密度计刻度线与眼睛平齐,如图 2-15 所示。

将所测量的密度换算为 25℃ 时的密度。换算公式如式(2-2)所示,为

$$\rho_{25℃} = \rho_t + \beta(t - 25) \tag{2-2}$$

式中:$\rho_{25℃}$——25℃时的密度;

ρ_t——实际测得的电解液密度;

β——密度温度系数（β 为 0.00075，即温度升高 1℃，密度下降 $0.00075g/cm^3$）；

t——实际测得的电解液温度。

通过测量电解液密度，可以判断蓄电池的放电程度，即电解液密度每下降 $0.01g/cm^3$，相当于蓄电池放电 6%。当电解液密度降到 $1.21g/cm^3$ 以下时，说明蓄电池放电超过 50%，应及时进行补充充电。

3 端电压的检查

用高率放电计测量蓄电池端电压，可以比较准确地判断蓄电池放电程度和起动能力。高率放电计由 1 个直流电压表和 1 个定值电阻组成。它是一种模拟发动机起动时蓄电池在短时间内向起动机提供大电流（12V 电系为 200～600A）的检测仪器，用于测量蓄电池所能维持的端电压来判断蓄电池放电程度。由于不同的高率放电计负荷电阻不同，电压读数也就不同，因此，使用时应参照说明书。

测量蓄电池单格端电压的高率放电计，如图 2-16 所示。它适合测量外露式联条蓄电池单格端电压。测量时，将两叉尖压紧在单格蓄电池的正、负极桩上，约保持 5s，观察高率放电计的电压，即单格蓄电池在大电流放电情况下的端电压。如果单格蓄电池的端电压低于 1.5V，但 5s 内尚能稳定，则为放电量过多，应对蓄电池及时进行补充充电。

测量蓄电池端电压的高率放电计如图 2-17 所示。测量时，将高率放电计两触针压在蓄电池正、负极柱上，约保持 5s，观察高率放电计的电压，该电压也是蓄电池在大电流放电情况下的端电压。如果端电压在 9.6V 以下，则为放电过多，应及时进行补充充电；如果端电压稳定在 10.6～11.6V，则表明蓄电池电量充足。

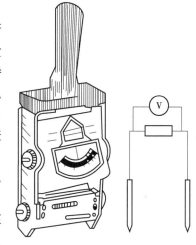

图 2-16 测量蓄电池单格端电压的高率放电计

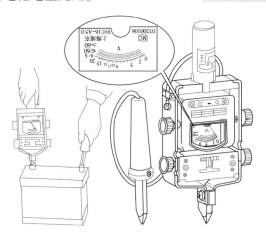

图 2-17 测量蓄电池端电压的高率放电计

引导问题 8 怎样合理使用蓄电池？

（1）起动发动机时，每次起动不得超过 5s，如果一次未能起动，应停顿 15s 以上再起动，连续 3 次不能起动，应排除发动机起动故障，以免损坏蓄电池。

（2）安装蓄电池时，应固定牢靠，防止车辆行驶时振动和移位。

（3）拆装蓄电池电缆时，要防止蓄电池短路，应先拆下蓄电池负极电缆，再拆下蓄电池正极电缆。安装蓄电池电缆时，应先装上蓄电池正极电缆，再装上蓄电池负极电缆。

（4）经常清洁蓄电池表面，去除灰尘污物，擦净溅出的电解液，清除极柱和电缆夹上的氧化物。

（5）经常疏通加液孔盖上的通气孔，保持通气孔畅通。

（6）检查电解液液面高度，如发现电解液不足，应及时补充。

（7）检查蓄电池的放电情况，冬季蓄电池放电程度达 25%，夏季蓄电池放电程度达 50% 时，应及时充电。

（8）在冬季，应使蓄电池处于充足电状态，以免电解液密度降低而结冰。

（9）放完电的蓄电池，应在 24h 内及时充电。

（10）对于储存的蓄电池，将蓄电池充足电后，存放在通风、干燥的室内，室温以 5~30℃ 为宜，且在存放期间，每月补充充电一次。储存时间一般不要超过 6 个月。

引导问题 9 怎样对蓄电池进行充电？

新蓄电池、使用中蓄电池和存放蓄电池都需要充电。对蓄电池充电时，应选择合适的充电方法和充电种类。

1 充电方法

蓄电池充电方法有定流充电、定压充电和脉冲快速充电三种。

1）定流充电

定流充电是指蓄电池在充电过程中，充电电流保持恒定的充电方法。可将多个蓄电池串联在一起充电，蓄电池充电过程中，其电动势逐渐升高，需要不断增加充电电压，当单格蓄电池端电压上升至 2.4V（电解液开始冒气泡）时，再将充电电流减半，直到蓄电池完全充足电为止，如图 2-18 所示。定流充电有较大适应性，可任意选择和调整充电电流，充电时间较长，如初充电需要 60~70h。适合于新蓄电池初充电、使用中的蓄电池补充充电及去硫化充电。

2）定压充电

定压充电是指在蓄电池充电过程中，充电电压保持恒定的充电方法。

汽车上发电机对蓄电池充电就是定压充电。可将多个蓄电池并联在一起充电，充电开始时，充电电流很大，随着蓄电池电动势的不断增高，充电电流逐渐减小，充电终了，充电电流将自动减小至零,在充电过程中不需要调整充电电压,如图 2-19 所示。在定压充电过程中,要选择合适的充电电压,如果充电电压过低,则蓄电池充电不足;如果充电电压过高,则充电初期充电电流过大,易导致过充电。定压充电速度较快,充电时间缩短,如补充充电需要 13~16h。适合于不同容量蓄电池的补充充电。

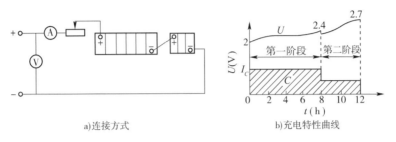

图 2-18 定流充电

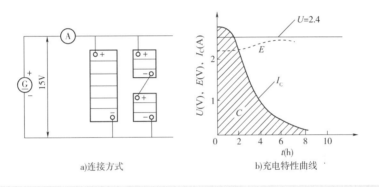

图 2-19 定压充电

3)脉冲快速充电

脉冲快速充电又称分段充电,充电初期采用大电流($0.8\sim1C_{20}$)对蓄电池进行定流充电,使蓄电池容量在短时间内达到 60% 左右的额定容量,当单格蓄电池端电压达 2.4V、电解液开始冒气泡时,自动转入脉冲快速充电阶段,如图 2-20 所示。因蓄电池充电后期会出现极化(极板间电位差高于极板活性物质的平衡电极电位),极化阻碍了蓄电池充电过程的正常化学反应,使得充电效率低和充电时间长。脉冲快速充电克服了充电过程中所产生的极化现象,有效地提高了充电效率。脉冲快速充电速度快,充电时间大大缩短,一般初充电只需 5h 左右,补充充电只需 1~2h。可以增加蓄电池容量,去极板硫化作用明显;但充电过程中会产生大量气泡,对极板活性物质的冲刷力强,易使活性物质脱落,对蓄电池的使用寿命有一定影响。

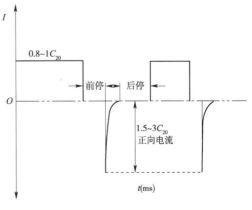

图 2-20 脉冲快速充电

2 充电种类

蓄电池充电种类有初充电、补充充电和去硫化充电三种。

1) 初充电

初充电是指新蓄电池或修复后的蓄电池（更换极板）在使用之前的首次充电。

初充充电过程如下：

(1) 将合适密度的电解液加入蓄电池中，加入的电解液温度不得超过35℃，静置3～6h电解液液面要高出极板上沿10～15mm；

(2) 连接充电机，将充电机的正极接到蓄电池的正极，充电机的负极接到蓄电池的负极；

(3) 采用定流充电，充电分两个阶段进行：第一阶段的充电电流约为蓄电池额定容量的1/15，充电至电解液中有气泡析出，单格蓄电池端电压达到2.4V为止；第二阶段的充电电流减半，继续充电到蓄电池充足电；

(4) 充电终了时，应测量电解液密度，如果电解液密度不符合规定，则用蒸馏水或密度为$1.40g/cm^3$的稀硫酸进行调整，再充电2h。

充电过程中，应经常测量电解液的密度和温度。充电初期电解液密度有降低情况，不需要调整密度，但要以相同的电解液将液面调整到规定值。如果充电时，电解液的温度上升到40℃，要将充电电流减半，温度继续上升到45℃时，则应停止充电，待电解液温度降至35℃以下时再继续充电。

2) 补充充电

补充充电是指蓄电池使用后的充电。

使用中的蓄电池，常有电量不足现象，如起动机运转无力、发动机不工作时前照灯灯光暗淡或喇叭声音小等，应及时进行补充充电。由于蓄电池在车上使用的是定压充电（发电机充电），不一定能使蓄电池充足电，为了防止极板硫化，最好2～3个月进行一次补充充电。对于存储或放置时间超过1月的蓄电池，也要进行补充充电。对蓄电池进行补充充电时，需要从汽车上拆下蓄电池或拆下蓄电池电缆，清除极柱和导线接头上的氧化物。

补充充电过程如下：

(1) 检查电解液液面高度。如果液面过低，只需补加蒸馏水，一般不要加电解液，使液面符合规定。

(2) 连接充电机，将蓄电池正极接充电机正极，蓄电池负极接充电机负极。

(3) 可以采用定流充电，也可以采用定压充电。如采用定流充电，分两个阶段充电：第一阶段的充电电流约为蓄电池额定容量的1/10，充电至有气泡冒出，单格蓄电池端电压为2.4V转入第二阶段；第二阶段的充电电流减半，继续充电到蓄电池充足电。

3) 去硫化充电

当蓄电池极板有轻微硫化时，可用去硫化充电法进行清除。

去硫化充电过程如下：

(1) 首先倒出原有的电解液，并用蒸馏水清洗蓄电池内部两次，然后再加入足够的蒸馏水。

(2) 连接充电机,将蓄电池正极接充电机正极,蓄电池负极接充电机负极。

(3) 将充电电流调到初充电的第二阶段电流值进行充电。当电解液密度上升到1.15g/cm³时,倒出电解液,换加蒸馏水再进行充电,直到电解液密度不再增加为止。

(4) 以10h率放电电流放电至单格蓄电池端电压下降到1.7V时,再充电,充足电后再放电,如此循环,直到容量达到额定容量的80%以上,即可使用。

3 充电设备

飞鹰FY-1000型充电机如图2-21所示。

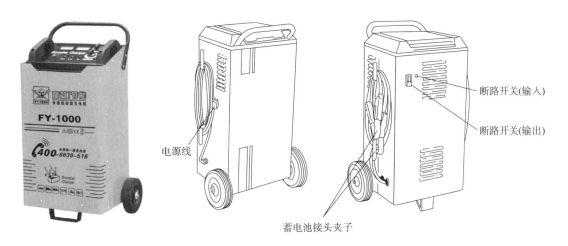

图2-21 飞鹰FY-1000型充电机

FY系列的充电机适用于各系列车用蓄电池的慢速、快速充电与强行起动等。该系列采用的是慢、快速电离子分解原理,由于采用多层整流器,可充12~24V蓄电池。有12V、24V电压、电流显示,可直接了解到蓄电池的充电情况,具有辅助与强行起动功能。

4 充电注意事项

(1) 充电前,应将充电机导线夹子与蓄电池极柱连接牢固;停止充电时,应先切断电源,再取下导线夹子,防止火花产生;

(2) 充电过程中,要密切观察各单格蓄电池的电压和密度变化,及时判断其充电程度和技术状况;

(3) 在充电过程中,应经常测量电解液的温度,超过45℃时,应立即停止充电;

(4) 初充电时,应连续进行,不能长时间间断;

(5) 配制和灌入电解液时,要注意安全操作;

(6) 如直接在汽车上对蓄电池进行充电,应拆下蓄电池正、负极柱上的电缆;

(7) 充电室要安装通风装置,并严禁使用明火。充电设备不应和蓄电池放置在同一工作间。

项目二 电源系统

二、实施作业

引导问题 10 检查更换蓄电池作业需要哪些工具、设备和材料?

（1）扳手、万用表、温度计、电解液密度计、高率放电计；
（2）翼子板护裙、转向盘护套、变速杆护套、座椅护套和脚垫；
（3）蓄电池；
（4）雪佛兰科鲁兹轿车维修手册。

引导问题 11 通过查询与查找,填写车辆以下信息。

生产年份_____,车牌号码_____,行驶里程_____km,车辆识别代码（VIN）_____。

引导问题 12 检查、更换蓄电池作业前的准备工作有哪些?

（1）汽车进入工位前,将工位清理干净,准备好相关器材；
（2）将汽车停放在工位上；
（3）拉紧驻车制动器操纵杆；
（4）在车内拉动发动机舱盖开启手柄,在车外打开并支撑好发动机舱盖,如图 2-22 所示；
（5）粘贴翼子板护裙,如图 2-23 所示；
（6）套上转向盘护套、变速杆护套、座椅护套,铺设好脚垫,如图 2-24 所示。

图 2-22 支撑发动机舱盖

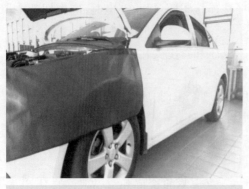

图 2-23 粘贴翼子板护裙

图 2-24 套上护套和铺设脚垫

引导问题 13　怎样规范地检查蓄电池电解液液面高度？

雪佛兰科鲁兹轿车蓄电池为干荷电免维护蓄电池，在正常使用条件下，蓄电池几乎不需要进行维护。但在高温条件下，应定期对蓄电池液面高度进行检查。

（1）关闭发动机点火开关。
（2）拆下蓄电池负极电缆。
（3）将蓄电池外部擦拭干净。
（4）检查蓄电池电解液是否泄漏。
（5）观察蓄电池电解液液面高度，如图 2-25 所示。其高度应在隔板 5mm 以上或在外壳的"MAX"和"MIN"指示线之间，如果电解液不足，则用蒸馏水补充。

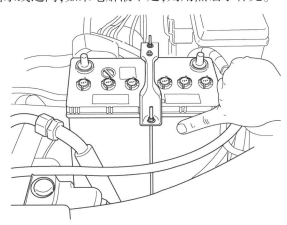

图 2-25　检查蓄电池电解液液面高度

（6）装上蓄电池负极电缆。

引导问题 14　怎样规范地检查蓄电池电解液密度？

（1）关闭发动机点火开关。
（2）拆下蓄电池负极电缆。
（3）使用电解液密度计测量电解液密度，如图 2-26 所示。各单格电池中电解液密度偏差不超过 0.02g/cm^3。如果电解液密度低，需要对蓄电池进行补充充电。如果一个或两个相邻单格电池的电解液密度明显下降，则说明蓄电池有短路故障，应更换蓄电池。
（4）装上蓄电池负极电缆。

图 2-26　用蓄 4 式密度计测量蓄电池电解液密度

引导问题 15　怎样规范地检查蓄电池端电压？

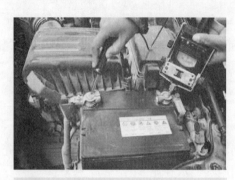

（1）关闭点火开关。
（2）拆下蓄电池电缆。
（3）清洁蓄电池极柱。
（4）使用高率放电计测量蓄电池两极柱间电压，如图 2-27 所示。将高率放电计的两个触尖抵紧单格蓄电池是正、负极柱，测试时间为 5~10s。负载电流为 110A 时，最小电压不得低于 9.6V，否则为放电过多。
（5）装上蓄电池电缆。

图 2-27　检查蓄电池电压

引导问题 16　怎样规范地更换蓄电池？

1　拆卸蓄电池

（1）关闭发动机点火开关；
（2）先拆下蓄电池的负极电缆，再拆下蓄电池的正极电缆，如图 2-28 所示；
（3）拆下蓄电池压板；
（4）从支架中取出蓄电池，如图 2-29 所示。

图 2-28　拆下蓄电池电缆

图 2-29　取出蓄电池

2　安装蓄电池

（1）将蓄电池放入支架内；
（2）装上蓄电池压板；
（3）安装电缆前，在电缆夹上涂少量的耐酸油脂，如图 2-30 所示；
（4）先连接蓄电池正极电缆，然后连接蓄电池负极电缆，如图 2-31 所示。

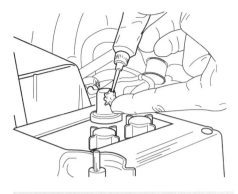
图 2-30 在电缆夹上涂耐酸油脂

图 2-31 连接蓄电池电缆

三、评价反馈

对本学习任务进行评价,见表 2-1。

评 分 表　　　　　　　　　　　　　　　表 2-1

考核项目	评分标准	分数	学生自评	小组评价	教师评价	小计
活动参与	是否积极主动	5				
安全生产	有无安全隐患	10				
现场 5S	是否做到	10				
任务方案	是否合理	15				
操作过程	电解液液面高度检查; 电解液密度检查; 蓄电池端电压检查; 蓄电池更换	30				
任务完成情况	是否圆满完成	5				
工具和设备使用	是否规范、标准	10				
劳动纪律	是否违反	10				
工单填写	是否完整、规范	5				
总分		100				
教师签名:				年　月　日	得分	

四、学习拓展

1. 填空题

(1) 蓄电池在放电过程中,其电解液的密度是_____。

(2) 蓄电池电解液的温度下降,会使其容量_____。

(3) 蓄电池在使用过程中,发现电解液的液面下降,应及时补充_____。

2. 判断题

(1) 在1个单格蓄电池中,负极板的片数总比正极板的片数多1片。　　(　　)

(2) 在放电过程中,蓄电池的放电电流越大,其容量就越大。　　(　　)

(3) 蓄电池正极板上的活性物质是二氧化铅,负极板上的活性物质是海绵状纯铅。

(　　)

3. 简答题

(1) 安装蓄电池时,为什么要后装蓄电池负极电缆?

(2) 查阅资料,说明思域轿车、凯美瑞轿车、迈腾轿车蓄电池的型号和维护周期。

学习任务二
发电机维护与充电系统检测

学习目标

完成本学习任务后,你应当能:
(1) 熟悉交流发电机的作用;
(2) 熟悉交流发电机的结构;
(3) 熟悉主要部件的结构原理;
(4) 熟悉交流发电机的工作过程;
(5) 熟悉交流发电机的型号。

 建议完成本学习任务的时间为 6 课时。

 学习任务描述

一辆雪佛兰科鲁兹轿车,车主反映:在发动机正常工作时,充电指示灯常亮。需要你对充电系统进行检测,确定故障部位并进行修理。

一、资料收集

引导问题 1 交流发电机有什么作用?

发电机是汽车的主要电源,由于交流发电机的性能在许多方面优于直流发电机,目前在汽车上普遍采用三相交流发电机。发电机的作用是在发动机正常运转时,把机械能转变为电能,向用电设备供电,同时还向蓄电池充电。图 2-32 为汽车电源与电气设备连接电路图。

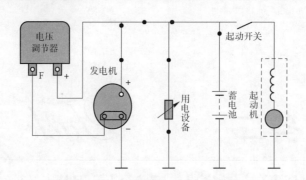

图 2-32　汽车电源与电气设备连接电路图

引导问题 2　交流发电机由哪几部分组成？各部分的结构和作用有哪些？

汽车用发电机为硅整流交流发电机，包括一个三相同步交流发电机和用硅二极管组成的整流器，如图 2-33 所示。

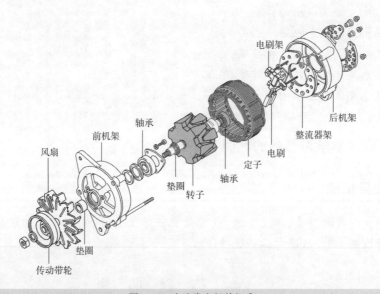

图 2-33　交流发电机的组成

1 三相同步交流发电机

三相同步交流发电机的作用是产生三相交流电。它由转子、定子、传动带轮、风扇、前端盖、后端盖、电刷及电刷架等部件组成。

1）转子

转子用于建立磁场。转子由转子轴、励磁绕组、爪极、集电环等组成，如图 2-34 所示。两块爪形磁极与磁轭（导磁铁芯）压装在转子轴上。磁轭上绕有励磁绕组，励磁绕组的两根引出线分别焊接在与转子轴绝缘的两个集电环上。集电环与装在后端盖上的两个电刷相接触。

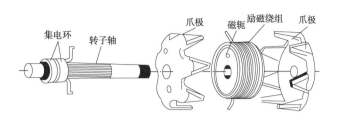

图 2-34 转子结构

2)定子

定子用于产生交流电。定子由定子铁芯和定子绕组组成。定子铁芯由相互绝缘的内圆带嵌线槽的圆环状硅钢片叠成。嵌线槽内嵌入三相对称定子绕组。定子绕组接法有星形(Y)和三角形(△)两种。定子绕组一般采用星形(Y)连接,即每相绕组的首端分别与整流器的硅二极管连接,每相绕组的尾端连接在一起,形成中性点,如图 2-35 所示。

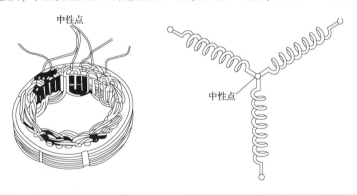

图 2-35 定子绕组星形(Y)连接

3)传动带轮

交流发电机采用 V 型带传动。带轮通常用铸铁或铝合金制成,分单槽和双槽两种,通过半圆键与转子轴连接,用螺母紧固。

4)风扇

风扇对交流发电机进行冷却。风扇一般用钢板冲压或用铝合金压铸而成,通过半圆键与转子轴连接,随转子轴一起转动。

5)端盖

前后端盖用非导磁性材料铝合金制成,漏磁少,且轻便、散热性好,设有通风口。

6)电刷与电刷架

电刷和电刷架装在后端盖上。电刷与电刷架的结构有外装式和内装式两种,两只电刷装在电刷架的方孔内,利用弹簧的压力使其与集电环保持接触,如图 2-36 所示。

交流发电机的搭铁方式有内搭铁和外搭铁两种方式。两个电刷通过引线分别接在两个接线柱上,即"F"(磁场)接线柱和"E"(搭铁)接线柱,接线柱接直流电源,通过电刷向励磁绕组提供励磁电流,如图 2-37 所示。搭铁接线柱"E"直接与后端盖连接,称为内搭铁,如图 2-37a)所示;搭铁接线柱"F_2"与后端盖绝缘,称为外搭铁,如图 2-37b)所示。

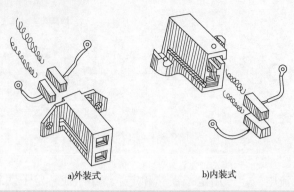

图 2-36 电刷与电刷架

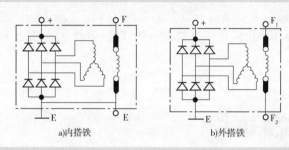

图 2-37 交流发电机搭铁方式

2 整流器

整流器的作用是将三相同步交流发电机产生的三相交流电变成直流电输出。整流器由硅二极管组成,如图 2-38 所示。

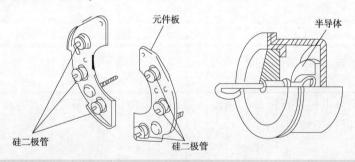

图 2-38 整流器

整流器一般由 6 只硅二极管(3 只正极管和 3 只负极管)组成三相桥式全波整流电路,如图 2-39 所示。

硅二极管的安装如图 2-40 所示。正极管中心引线为二极管的正极,外壳为负极,管壳底部一般标有红色标记,3 只正极管压装在元件板上,成为发电机的正极,由一个与后端盖绝缘的元件板固定螺栓通至壳体外,作为发电机的输出接线柱"＋"("B"或"电枢")。负极管中心引线为二极管的负极,外壳为正极,管壳底部一般有黑色标记,3 只负极管压装在后端盖上,成为发电机的负极"－"("E")。

有些交流发电机的整流器安装在后端盖外侧,只要打开塑料防尘罩,即可取出,不需将交流发电机解体,维修方便。

其他形式的整流器如图 2-41 所示。八管整流器在中性点增加了 2 只二极管,提高了发电机输出功率,如图 2-41a)所示;九管整流器增加了 3 只小功率励磁二极管,用于供给励磁电流,可以提高电压调节精度,同时,可控制充电指示灯,用于指示发电机的发电状态,如图 2-41b)所示;十一管整流器兼有八管整流器和九管整流器的作用,如图 2-41c)所示。

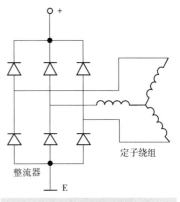

图 2-39 三相桥式整流电路

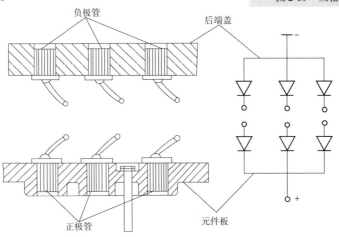

图 2-40 二极管安装示意图

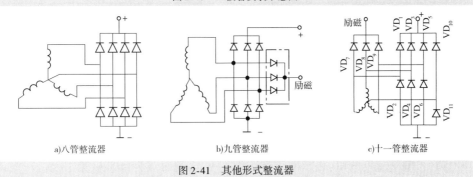

a) 八管整流器　　b) 九管整流器　　c) 十一管整流器

图 2-41 其他形式整流器

引导问题3　怎样识别交流发电机型号?

1 交流发电机型号的规定

根据我国汽车行业标准《汽车电气设备产品型号编制方法》(QC/T 73—1993)的规定,国产交流发电机型号的组成如下:

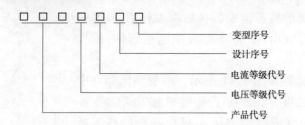

1) 产品代号

交流发电机的产品代号有 JF(交流发电机)、JFZ(整体式交流发电机,电压调节器装在交流发电机内)、JFB(带泵交流发电机)和 JFW(无刷交流发电机)4 种。

2) 电压等级代号和电流等级代号

电压等级代号和电流等级代号分别用一位阿拉伯数字表示,其含义见表 2-2、表 2-3。

电压等级代号　　　　　　　　　　　　　　　　　表 2-2

电压等级代号	1	2	3	4	5	6
电压等级(V)	12	24	—	—	—	6

电流等级代号　　　　　　　　　　　　　　　　　表 2-3

产品	电流等级(A)								
	分组代号								
	1	2	3	4	5	6	7	8	9
交流发电机 整体式交流发电机 带泵交流发电机 无刷交流发电机	~19	≥20~29	≥30~39	≥40~49	≥50~59	≥60~69	≥70~79	≥80~99	≥90

3) 设计序号

按产品设计先后顺序,由 1~2 位阿拉伯数字组成。

4) 变型代号

交流发电机以调整臂位置作为变型代号。从驱动端看,调整臂在中间时不加标记;调整臂在右边时用 Y 表示;调整臂在左边时用 Z 表示。

2 交流发电机型号示例

JFZ1913Z 型交流发电机,表示电压等级为 12V、电流等级为 ≥90A、第 13 次设计、调整臂在左边的整体式交流发电机。

引导问题 4 交流发电机是怎样工作的?

1 发电

交流发电机是利用电磁感应原理产生交流电的。当励磁绕组有电流通过时,产生轴向磁场,两块爪极磁化(形成6对相间排列的磁极),磁极的磁力线经过转子与定子之间的气隙、定子铁芯形成闭合磁路。当转子旋转时,磁力线和定子绕组之间产生相对运动,在三相定子绕组中产生交流电动势,如图2-42所示。由于三相绕组是对称绕制的,所以产生的三相电动势也是对称的。

交流发电机每相绕组的电动势有效值的大小和转子转速及磁极磁通成正比,见式(2-3),即

$$E_\Phi = C_1 n \Phi \quad (2\text{-}3)$$

式中:E_Φ——电动势有效值;
C_1——发电机常数;
n——转子转速;
Φ——磁极磁通量。

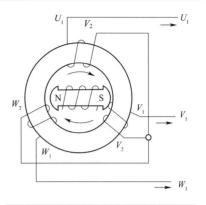

图2-42 交流发电机工作示意图

2 励磁方式

交流发电机的励磁方式有他励和自励两种,由蓄电池供给励磁电流,称为他励;由交流发电机供给励磁电流,称为自励。

交流发电机在无外接直流电源时,转子的磁极剩磁很弱,交流发电机在低速运转时,仅靠较弱的剩磁产生很小电动势(小于0.6V),不能使二极管导通,交流发电机不能发电。

交流发电机发电时,需先由蓄电池供给励磁电流(他励),使交流发电机在低速运转时电压能够迅速上升。当交流发电机输出电压高于蓄电池电压时,由交流发电机供给励磁电流(自励)。交流发电机与蓄电池并联,开始由蓄电池向励磁绕组供电,使发电机输出电压很快建立起来,并由他励转变为自励。

3 整流

整流就是将交流电变成直流电。二极管具有单向导电特性,当给二极管加上正向电压(正极电位高于负极电位)时,二极管导通;当给二极管加上反向电压(正极电位低于负极电位)时,二极管截止。通过由二极管组成的整流器将定子绕组产生的交流电变为直流电。整流过程如图2-43所示。

1)正极管导通原则

整流器的3只正极管(VD_1、VD_3、VD_5)的正极分别接在定子绕组的始端(A、B、C),负极连接在一起。3只正极管导通原则是在某一瞬间正极电位最高者导通。

2)负极管导通原则

整流器的3只负极管(VD_2、VD_4、VD_6)的负极分别接在定子绕组的始端(A、B、C),正极连接在一起。3只负极管的导通原则是在某一瞬间负极电位最低者导通。

4 工作特性

交流发电机的工作特性是指交流发电机端电压U、输出电流I和转速n之间的关系,包

括输出特性、空载特性和外特性,如图2-44所示。

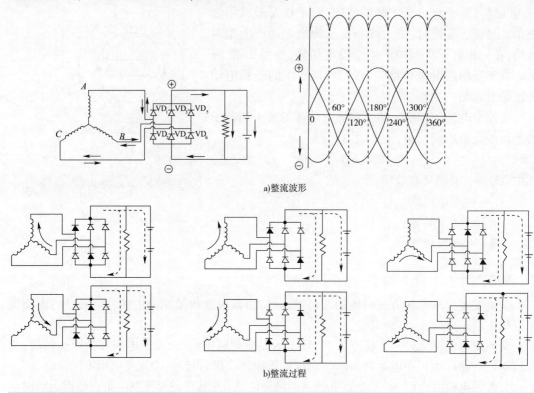

图2-43 整流波形与整流过程示意图

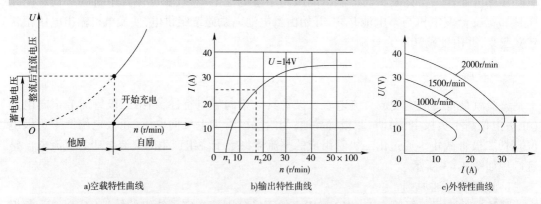

图2-44 交流发电机的特性曲线

汽车发动机转速从怠速到最高转速之间变化,由它带动旋转的交流发电机转速也相应在很大范围内变化。以转速为基准来分析交流发电机的工作特性,其中最重要的是输出特性。

1) 空载特性

空载特性是指交流发电机在输出电流 I 为 0(空载运行)时,其端电压 U 随转速 n 变化的关系,如图2-44a)所示。

从空载特性曲线可以看出:交流发电机的端电压是随着交流发电机的转速升高而增高

的,可以判断发电机低速充电性能的好坏。

2)输出特性

输出特性是指交流发电机端电压 U 一定时,其输出电流 I 随转速 n 变化的关系,如图 2-44b)所示。对于12V系列的交流发电机,规定端电压为14V;对于24V系列的发电机,规定端电压为28V。

从输出特性曲线可以看出:

(1)交流发电机空载运行时,端电压达到额定值时的转速称为空载转速 n_1。空载转速 n_1 常用来作为选择交流发电机与发动机传动比的主要依据。

(2)交流发电机的输出电流达到额定值时的转速称为满载转速 n_2,交流发电机的额定电流一般规定为最大电流的 70%~75%。

(3)当交流发电机转速达到一定值后,其输出电流不再随转速升高而增加,具有限制输出电流的作用。

3)外特性

外特性是指交流发电机转速 n 一定时,其端电压 U 与输出电流 I 的关系,如图 2-44c)所示。

从外特性曲线可以看出:

(1)在转速变化时,交流发电机端电压有较大的变化;

(2)在转速恒定时,交流发电机输出电流的变化对端电压也有很大影响;

(3)在高速时,当发电机突然失去负载时,端电压会急剧升高,这时电气设备中的电子元件将有被击穿的危险。

引导问题5 怎样正确使用交流发电机?

(1)交流发电机为负极搭铁,蓄电池必须负极搭铁,不得接反,否则,将损坏整流器的二极管;

(2)交流发电机与蓄电池之间的导线要连接可靠,切不能在交流发电机工作时任意拆开,否则,将会产生过电压,易损坏电子元件;

(3)交流发电机工作时,不允许用试火的方法检查交流发电机是否发电,否则,容易损坏整流器的二极管;

(4)交流发电机不发电或发电量小时,应及时检修,否则,易导致蓄电池充电不足;

(5)发动机熄火后,应将点火开关断开,防止蓄电池通过励磁电路放电。

引导问题6 电压调节器的作用是什么?它有哪些类型?

1 电压调节器的作用

电压调节器的作用是将交流发电机输出电压控制在规定范围内。因为交流发电机由发动机带动,交流发电机转速随发动机转速在很大范围内变化,其输出电压也发生很大变化,无法保证用电设备的正常工作。为了满足用电设备恒定电压的要求,交流发电机必须配用电压调节器,使其输出电压在发动机转速变化时保持恒定。

2 电压调节器的类型

电压调节器可分为触点式电压调节器和电子式电压调节器,电子式电压调节器包括晶体管电压调节器和集成电路电压调节器。

触点式电压调节器应用较早,它是通过触点开闭,使磁场电路的电阻改变来调节磁场电流。由于触点开闭频率慢,存在机械惯性和电磁惯性,电压调节精度低,可靠性差,现已被淘汰。

电子式电压调节器利用晶体管的开关特性,使磁场电路接通与切断来调节磁场电流,晶体管的开关频率高、调节精度高、体积小、质量轻、可靠性好,已广泛应用。

引导问题 7 如何正确使用电压调节器?

(1)电压调节器与交流发电机的电压等级必须一致,否则,电源系统不能正常工作。

(2)电压调节器与交流发电机的搭铁型式必须一致,内搭铁型电压调节器只能与内搭铁型发电机配用,而外搭铁型电压调节器只能与外搭铁型发电机配用,否则,发电机无磁场电流而不能输出电压。

(3)交流发电机的功率不得超过电压调节器设计时所能配用的交流发电机功率。因为交流发电机的功率大,励磁电流也大(如14V 750W 交流发电机,其励磁电流为3~4A;14V 1000W 交流发电机,其励磁电流为4~5A)。励磁电流越大,对电压调节器中控制励磁电流的大功率晶体管的技术要求越高,成本也越高。大功率交流发电机的电压调节器配用小功率交流发电机,虽然可用,但成本较高,不经济。而小功率交流发电机的电压调节器不能与大功率交流发电机配用,否则,会降低交流发电机的输出性能,影响充电系统正常工作。

(4)线路连接必须正确。使用时必须根据使用说明书所给出的电路图正确连接电源系统线路,否则,充电系统不能正常工作,甚至会损坏电压调节器和发电机的器件。

(5)电压调节器必须受点火开关(或电源开关)控制。发动机熄火后,应及时将点火开关(或电源开关)断开。否则,可能烧坏电压调节器,还会造成蓄电池亏电。

引导问题 8 充电指示灯在什么情况下常亮?

充电指示灯电路如图2-45所示。充电指示灯受发电机 B_+ 端电压和发电机 D_+ 端电压的差值所控制。

接通点火开关,不起动发动机,电流从蓄电池"+"→点火开关→充电指示灯→电压调节器"D_+"→电压调节器"F"→励磁绕组→搭铁→蓄电池"−",充电指示灯亮。

起动发动机,随发电机转速的升高,发电机 D_+ 端电压升高,充电指示灯两端的电位差减小,充电指示灯会自动变暗直至熄灭。此后,发电机 B_+ 端与 D_+ 端等电位,且高于蓄电池端电压,充电指示灯一直熄灭,发电机对蓄电池充电。

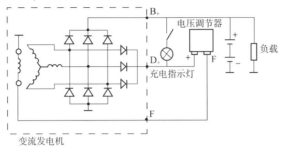

图 2-45 充电指示灯电路

在正常情况下,打开点火开关,充电指示灯亮,起动发动机后,并提高发动机转速,充电指示灯熄灭。如果起动发动机后,且提高发动机转速,充电指示灯常亮,则表明不充电。一般根据充电指示灯的工作状态可以判断充电系统是否有故障。

引导问题 9　充电系统常见故障有哪些?

充电系统常见故障及诊断见表 2-4。

充电系统常见故障及诊断　　　　　表 2-4

故障现象	故障原因	故障处理方法
不发电	二极管损坏	更换二极管
	调节器损坏	更换调节器
	励磁绕组断路、短路或搭铁	更换转子
	定子绕组断路、短路或搭铁	更换定子
	电刷与集电环不接触	检修电刷或清洁集电环
	接线柱搭铁	检查接线柱
发电量小	个别二极管损坏	更换二极管
	调节器电压调整值偏低	更换调节器
	励磁绕组有局部短路	更换转子
	电刷接触不良	检修电刷或清洁集电环
发电不稳定	传动带过松	调整传动带松紧度
	电刷弹簧压力不足	更换电刷弹簧
	定子绕组时断时开	更换定子
	接线柱松动或接触不良	检查接线柱
发电机异响	发电机装配不当	重新装配发电机
	定子与转子表面相擦	检修定子或转子
	定子绕组搭铁	检修定子绕组
	发电机轴承损坏	更换轴承

引导问题 10 充电指示灯常亮的检测工艺流程是怎样的?

雪佛兰科鲁兹轿车充电指示灯常亮,说明充电系统有故障,应按规定的检测工艺流程进行故障分析,如图 2-46 所示。

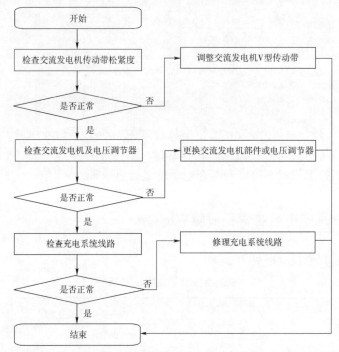

图 2-46 充电指示灯常亮的检测工艺流程

二、实 施 作 业

引导问题 11 检查交流发电机作业需要哪些工具、设备和材料?

(1)扳手、旋具、弹簧加力器、跨接线、试灯、欧姆表、万用表、多用途试验器 V.A.G1315A、游标卡尺;
(2)翼子板护裙、转向盘护套、变速杆护套、座椅护套和脚垫;
(3)SAV13VI 型交流发电机及部件、蓄电池、点火开关;
(4)雪佛兰科鲁兹轿车维修手册。

引导问题 12 通过查询与查找,填写车辆以下信息。

生产年份_____,车牌号码_____,行驶里程_____km,车辆识别代码(VIN)_____。

引导问题 13 怎样规范地检查与调整交流发电机 V 型传动带松紧度?

由于交流发电机 V 型传动带的挠度能反映交流发电机的传动状况,通过检查 V 型传动带的挠度(或张紧力)可以确定其松紧度是否合适。

(1)用弹簧加力器在水泵传动带轮与发电机传动带轮之间 V 型传动带的中部施加 40～50N 的力,其挠度应为 8～12mm,如图 2-47 所示。

(2)或用拇指从 100N 左右的力,在水泵传动带轮与交流发电机传动带轮之间 V 型传动带的中部压下 V 型传动带时,其挠度应为 2mm(新传动带)或 5mm(旧传动带)。如果不符合要求,则对 V 型传动带进行调整。

(3)拧松张紧卡板和交流发电机支架紧固螺栓(至少松开一圈,紧固螺栓松开后,交流发电机靠自重倒向一侧),用扭力扳手转动张紧螺母使 V 型传动带挠度符合规定数值,然后用 35N·m 的力矩拧紧张紧螺母上的紧固螺栓,用 20N·m 的力矩拧紧交流发电机支架紧固螺栓,如图 2-48 所示。

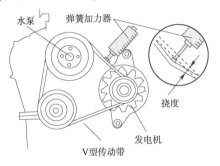

图 2-47 检查交流发电机 V 型传动带的挠度

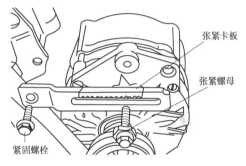

图 2-48 调整交流发电机 V 型传动带的挠度

(4)再检查 V 型传动带松紧度是否合适。如果不符合要求,则重新调整。

引导问题 14 怎样规范检查交流发电机及电压调节器?

1 检查交流发电机是否发电

(1)将万用表的负表笔接发电机外壳,正表笔接交流发电机"B_+"接线柱,测得的电压应为蓄电池电压。如果无电压,则表明交流发电机"B_+"接线柱至蓄电池断路,应检修线路。

(2)如果测得的电压为蓄电池电压,则起动发动机,并提高发动机转速,此时测得的电压应高于蓄电池电压,否则,说明交流发电机不发电,应检修交流发电机及电压调节器。

2 检查交流发电机部件

雪佛兰科鲁兹轿车的交流发电机结构如图 2-49 所示。
从车上拆下交流发电机,将交流发电机解体,检查交流发电机部件是否正常。

项目二 电源系统

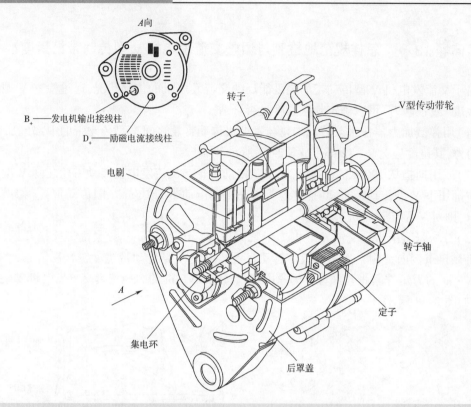

图 2-49 雪佛兰科鲁兹轿车的交流发电机结构

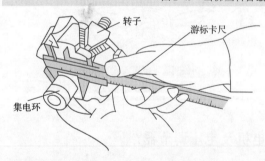

图 2-50 检查集电环磨损量

1) 检查转子

(1) 目测检查转子集电环表面是否光滑、清洁。如果有油污,则可用布沾些汽油将其擦净;如果有烧伤或轻微划痕,则可用"00"号砂布打磨。用游标卡尺测量集电环的磨损量,如图 2-50 所示,如果磨损量超过 0.2mm,则更换转子。

(2) 检查励磁绕组短路或断路,如图 2-51 所示。用欧姆表($R×Ω$ 挡)检查两个集电环之间的电阻值,应为 3~4Ω,如果电阻值小于 2Ω,则表明励磁绕组间短路,应更换转子;如果电阻值过大,则表明励磁绕组断路,应更换转子。

(3) 检查励磁绕组搭铁,如图 2-52 所示。用欧姆表($R×kΩ$ 挡)检查集电环与转子爪极(或转子轴)之间电阻值,应为∞,否则,说明励磁绕组搭铁,应更换转子。

2) 检查定子

(1) 检查定子绕组搭铁,如图 2-53 所示。用欧姆表($R×kΩ$ 挡)检查定子绕组引线与定子铁芯之间电阻值,其电阻值应为∞,否则,说明定子绕组搭铁,应更换定子。

(2) 检查定子绕组断路,如图 2-54 所示。用欧姆表($R×Ω$ 挡)检查定子绕组引线和中性点引线之间电阻值,其电阻值应约为 0Ω,否则,说明定子绕组断路,应更换定子。

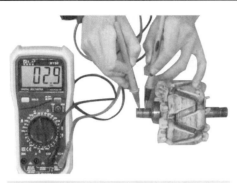
图 2-51 检查励磁绕组短路或断路

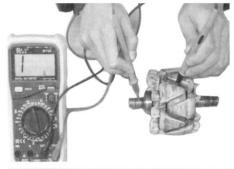
图 2-52 检查励磁绕组是否搭铁

图 2-53 检查定子绕组是否搭铁

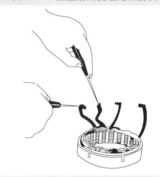
图 2-54 检查定子绕组是否断路

3）检查整流器

用电烙铁断开定子绕组与二极管板（元件板）的连线。使用多用途试验器 V. A. G1315A（或万用表）检查整流器，如图 2-55 所示。使用多用途试验器 V. A. G1315A 需同时按下电阻测量按钮和电压测量按钮。检查正二极管时，将黑色端子连接在正极散热器片（B_+）上，红色端子依次放在二极管的焊点上，如图 2-55a）所示；检查负二极管时，将红色端子连接在负极散热片上，黑色端子依次放在焊点上，如图 2-55b）所示；检查励磁二极管时，将黑色端子连

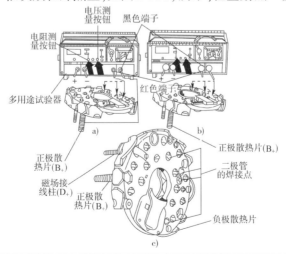
图 2-55 检查整流器

接在磁场接线柱（D_+）上，红色端子依次放在二极管焊点上，如图2-55c）所示。均需要进行三次测量，并且显示值应为 50~80Ω，否则，应更换二极管。

4）检查电刷

检查电刷时，用游标卡尺测量电刷长度，如图2-56所示。电刷的标准长度为13mm，使用极限为5mm。如果超过极限值，则更换电刷。

5）检查电压调节器

先拆下电压调节器，电压调节器如图2-57所示，用一根电线将调节器的"F"接线柱与"－"连接起来，再将电压调节器装入交流发电机中。起动发动机，并提高发动机转速，此时，电压调节器处于不工作状态，如果充电指示灯熄灭，则表明交流发电机工作正常，电压调节器有故障，应更换电压调节器；如果充电指示灯仍亮，则表明交流发电机有故障。

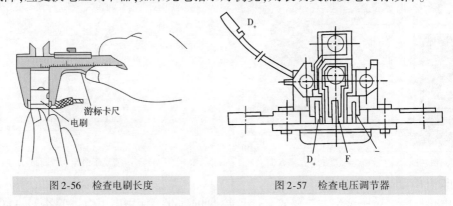

图2-56　检查电刷长度　　　　图2-57　检查电压调节器

引导问题15　怎样规范地检查充电系统线路？

雪佛兰科鲁兹轿车充电系统电气线路图如图2-58所示。

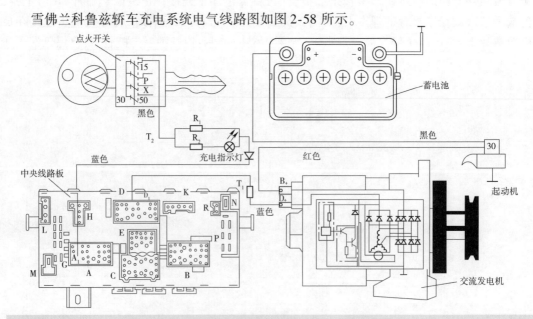

图2-58　雪佛兰科鲁兹轿车充电系统电气线路图

(1)检查交流发电机"B_+"接线柱、起动机电磁开关"30"接线柱,导线连接是否松脱。如有,则将其连接紧固。

(2)用万用表检查交流发电机"B_+"接线柱有无电压(蓄电池电压)。如果无电压,则表明交流发电机"B_+"接线柱至起动机电磁开关"30"接线柱导线断路。

三、评价反馈

对本学习任务进行评价,见表2-5。

评 分 表　　　　　　　　表2-5

考核项目	评分标准	分数	学生自评	小组评价	教师评价	小计
活动参与	是否积极主动	5				
安全生产	有无安全隐患	10				
现场5S	是否做到	10				
任务方案	是否合理	15				
操作过程	V型传动带松紧度检查与调整;发电机与电压调节器检查;充电系统线路检查	30				
任务完成情况	是否圆满完成	5				
工具和设备使用	是否规范、标准	10				
劳动纪律	是否违反	10				
工单填写	是否完整、规范	5				
总分		100				
教师签名:				年　月　日	得分	

四、学习拓展

1.选择题

(1)交流发电机所采用的励磁方法是_____。

(2)在交流发电机中产生磁场的装置是_____。

2.简答题

(1)怎样测试交流发电机性能?

(2)查阅资料,说明哪些车型采用了整体式交流发电机。

项目三 起动系统

学习任务一

起动机的结构与原理认知

学习目标

完成本学习任务后,你应当能:
(1) 了解启动系统的作用于组成;
(2) 掌握起动机的结构与工作原理;
(3) 掌握起动机拆装方法和过程。

 建议完成本学习任务的时间为 **4** 课时。

 学习任务描述

一辆科鲁兹轿车,车主反映:起动发动机时,起动机不转。需要你对起动系统进行检测,确定故障部位并进行修理。

一、资料收集

引导问题 1　起动机的作用和结构有哪些？

1 起动机的作用

起动机的作用就是起动发动机，发动机起动之后，起动机便立即停止工作。起动机在整车上的位置，如图 3-1 所示。

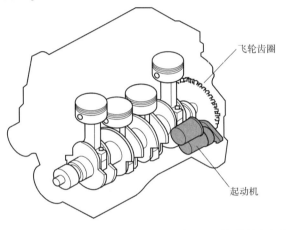

图 3-1　起动机在整车上的位置

2 起动机的结构

起动机一般由直流电动机、传动机构（或称啮合机构）和控制装置（电磁开关）三部分组成，起动机的结构如图 3-2 所示。

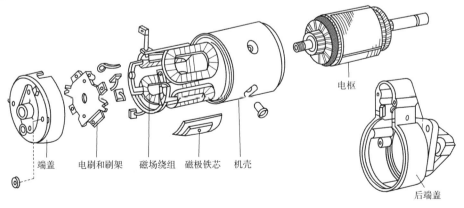

图 3-2　汽车起动机的基本结构

直流电动机的作用是将蓄电池输入的电能转换为机械能,产生电磁转矩。结构由电枢(转子)、磁极(定子)、换向器和电刷等主要部件构成。

1)电枢

直流电动机的转动部分称为电枢,又称转子。转子由外圆带槽的硅钢片叠成的铁芯、电枢绕组线圈、电枢轴和换向器组成。如图 3-3 所示。为了获得足够的转矩,通过电枢绕组的电流较大(汽油机为 200～600A;柴油机可达 1000A),因此,电枢绕组采用较粗的矩形裸铜漆包线绕制为成型绕组。

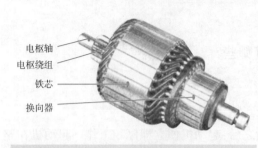

图 3-3 电枢组成

2)磁极

磁极由固定在机壳内的磁极铁芯和磁场绕组线圈(励磁绕组)组成,如图 3-4a)所示。磁极一般是 4 个,两对磁极相对交错安装在电动机的壳体内,定子与转子铁芯形成的磁通回路,如图 3-4b)所示,低碳钢板制成的机壳也是磁路的一部分。

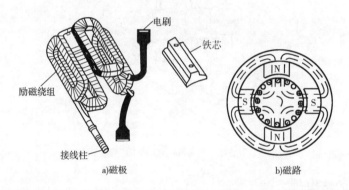

图 3-4 磁极

4 个励磁线圈有的是相互串联后再与电枢绕组串联(称为串联式),有的则是两两相串联后再并联,再与电枢绕组串联(称混联式),如图 3-5b)、c)所示。起动机内部线路连接如图 3-5a)所示。励磁绕组一端接在外壳的绝缘接线柱上,另一端与两个非搭铁电刷相连接。当起动开关接通时,电动机的电路为蓄电池正极→接线柱 2→励磁绕组 3→电刷 6→换向器和电枢绕组 5→搭铁电刷 4→搭铁→蓄电池负极。

3)电刷与电刷架

如图 3-6 所示,电刷架一般为框式结构,其中正极电刷架绝缘地固定在端盖上,负极电刷架与端盖直接相连并搭铁。电刷置于电刷架中,电刷有铜粉与石墨粉压制而成,呈棕黑色。电刷架上有较强弹性的盘形弹簧压在电刷处侧。

4)换向器

它由许多截面呈燕尾形的铜片围合而成,如图 3-7 所示。铜片之间由云母绝缘。云母绝缘层应比换向器铜片外表面凹下 0.8mm 左右,以免铜片磨损时,母片很快凸起。电枢绕组各线圈的端头均焊接在换向器的铜片上。

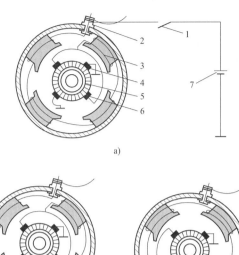

a)

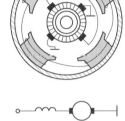   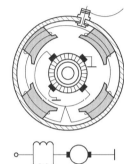

b) 4个励磁绕组相互串联　　　c) 励磁绕组两两串联后再并联

图 3-5　磁场绕组的连接

1-起动开关；2-接线柱；3-励磁绕组；4-负极（搭铁）电刷；5-换向器；6-正极电刷；7-蓄电池

图 3-6　电刷及电刷架示意图

图 3-7　换向器外形图

传动机构由单向离合器与驱动齿轮、拨叉等组成。其作用是在起动发动机时使驱动齿轮与飞轮齿圈相啮合,将起动机的转矩传递给发动机曲轴;在发动机起动后又能使驱动齿轮与飞轮自动脱离,在它们脱离过程中,发动机飞轮反拖驱动齿轮时,单向离合器使其形成空转,避免了飞轮带动起动机轴旋转。

控制装置即操纵机构,主要是指起动机的电磁开关,用来接通或断开电动机与蓄电池之间的电路。

引导问题2 ▶ 直流电动机是如何工作的?

直流电动机将蓄电池电能转变为机械能。在磁场中放置一个矩形线圈,线圈的两端分别与两个换向片连接,两只电刷分别与两片换向片接触,并分别与蓄电池的正极和负极连接,如图3-8所示。换向片A与正电刷接触,换向片B与负电刷接触,电流方向为:蓄电池正极→正电刷→换向片→线圈→负电刷→蓄电池负极,线圈中的电流方向为$a{\to}d$,由左手定则可以确定线圈的ab段所受的作用力F向左,cd段所受的作用力F向右,线圈受到力矩作用逆时针方向转动,如图3-8a)所示。当线圈转过半周,换向片B与正电刷接触,换向片A与负电刷接触,线圈中的电流方向变为$d{\to}a$,线圈受力矩作用仍按逆时针方向转动,如图3-8b)所示。在电源连续向直流电动机供电时,线圈就不停地按同一方向转动。为了增大电动机输出转矩并使其运转均匀,电枢绕组采用多个线圈。

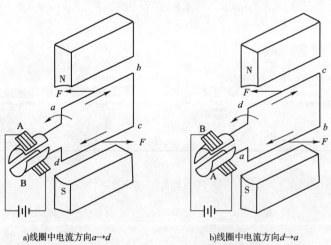

a)线圈中电流方向$a{\to}d$　　　　b)线圈中电流方向$d{\to}a$

图3-8　直流电动机的工作原理

引导问题3 ▶ 如何解读起动机铭牌数据?

根据《汽车电气设备产品型号编制方法》(QC/T73—1993)的规定,起动机的型号由下列部分组成:

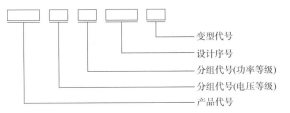

(1)产品代号。起动机的产品代号为 QD,表示起动。

(2)分类代号。以电压等级作为分类代号,分类代号 1 表示电压等级为 12V,分类代号 2 表示电压等级为 24V。

(3)分组代号。以功率等级作为分组代号,具体规定见表 3-1。

表 3-1 分组代号

代 号	1	2	3	4	5	6	7	8	9
功率等级(kW)	~0.736	>(1~2)×0.736	>(2~3)×0.736	>(3~4)×0.736	>(4~5)×0.736	>(5~7)×0.736	>(7~10)×0.736	>(10~15)×0.736	>15×0.736

(4)设计序号和变型代号。设计序号和变型代号与其他电器产品的有关规定相同。

二、实 施 作 业

引导问题 4 如何对起动机进行拆卸分解?

1 起动机总成的拆卸

1)断开蓄电池负极、电源线、开关线

断开蓄电池负极电缆、起动机的电源线、开关线,如图 3-9 所示。但在断开之前,需要对 ECU 等元件内保存的信息作一个记录。

 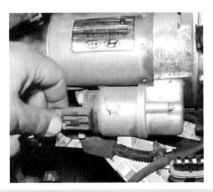

图 3-9 断开蓄电池负极、开关线

2)拆下固定螺栓

从发动机离合器壳体上拧下起动机的三颗固定螺栓,如图 3-10 所示。

3）取下起动机

2 起动机的分解

1）清洁起动机

起动机解体前首先应清洁外部的油污和灰尘，如图 3-11 所示。

2）拆下防尘罩

旋出防尘罩固定螺钉，轻敲防尘罩，取下防尘罩，用专用钢丝钩提起电刷弹簧，将电刷取出。

3）拆卸前端盖和电枢

用扳手旋出两个紧固贯穿螺栓，用螺丝刀取下换向器端盖的两个螺钉，依次取出端罩、锁片与弹簧，接着取下线圈总成，电枢，如图 3-12 所示。

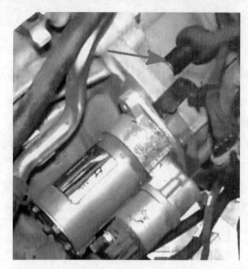

图 3-10　拆下固定螺栓

图 3-11　清洁起动机

图 3-12　拆卸前端盖和电枢

4）拆卸电磁开关

取下外壳及励极，拆下电磁开关接线柱与起动机接线柱间的导电片，用螺丝刀拧下电磁开关与起动机外壳的紧固螺钉，使电磁开关后端盖与中间壳体分离，取下电磁开关总成。

5)拆下离合器

取出电枢绕组,从后端盖上旋下中间支撑轴承板的紧固螺钉,取下中间支撑轴承板,旋出拨叉轴紧固螺钉,抽出拨叉,取出单向离合器与驱动齿轮、驱动齿轮端衬套,如图3-13所示。

6)清洗零件

解体后,清洗擦拭各零件。将机械金属零件浸入煤油、汽油或清洗液中清洗,电器绝缘部分用布或棉纱浸汽油后擦拭干净。

图3-13 拆下离合器

引导问题5 如何对分解的起动机进行装配?

起动机的装配顺序按照拆卸的反方向进行,但应注意以下几点:

(1)各零部件应保持清洁,用蘸有少许清洗剂的抹布将起动机表面擦拭干净(注意:抹布不能有液体浸出,绝缘件不能浸泡在汽油清洗剂中);

(2)配合部位涂少许机油润滑;

(3)各部位所配装的垫片应按要求装回,不能遗漏;

(4)装配后应检查各转动部位是否能转动灵活。

三、评价与反馈

对本学习任务进行评价,见表3-2。

评 分 表 表3-2

考核项目	评分标准	分数	学生自评	小组评价	教师评价	小计
活动参与	是否积极主动	5				
安全生产	有无安全隐患	10				
现场5S	是否做到	10				
任务方案	是否合理	15				
操作过程	起动机外部结构认识; 起动机分解; 起动机各部分结构认识; 起动机的装配	30				
任务完成情况	是否圆满完成	5				
工具和设备使用	是否规范、标准	10				
劳动纪律	是否违反	10				
工单填写	是否完整、规范	5				
总分		100				
教师签名:			年 月 日		得分	

四、学习拓展

1. 填空题

(1) 起动机励磁线圈与电枢线圈的连接方式为_____。

(2) 为了获得足够的起动转矩,通过起动机电枢绕组的电流很大,一般汽油机的起动电流为_____。

(3) 起动机就车拆装第一步应为_____。

2. 判断题

(1) 串励直流式电动机中"串励"的含义是4个励磁绕组相串联。　　　　　( )

(2) 起动机一般由交流电动机、传动机构和控制装置三部分组成。　　　　( )

(3) 直流电动机主要由机壳、磁极、转子、换向器及电刷等组成。　　　　( )

(4) 起动机转速愈高,流过起动机的电流愈大。　　　　　　　　　　　　( )

(5) 对功率较大的起动机可在轻载或空载下运行。　　　　　　　　　　　( )

3. 简答题

(1) 起动机由哪些部分组成？各组成部分的作用是什么？

(2) 起动机是如何分类的？

学习任务二

起动机的故障分析与排除

学习目标

完成本学习任务后,你应该:
(1)掌握起动机检测与测试;
(2)能读懂给定的"检测工艺流程",对测试结果进行分析;
(3)能正确使用工具和设备;
(4)能规范地检测起动机及线路。

 建议完成本学习任务的时间为 8 课时。

 学习任务描述

一辆科鲁兹汽车,接通点火开关后,起动机转速很快,但发动机就是不能起动,也听不到齿轮的转动声和"哒、哒"的电磁开关吸合声音。现在需要你根据现象判断故障原因,并对其进行检修。

一、资料收集

引导问题 1 起动机是怎样控制的?

起动机的控制通常是由点火开关的起动挡(ST 挡)来控制的。由于起动机的电磁开关工作电流较大(大于 20A),如果直接由点火开关控制起动机的电磁开关,则点火开关易被烧坏。为此,大部分汽车上的起动机控制电路中设置了起动继电器,避免电磁开关的电流直接通过点火开关,起到保护点火开关的作用。起动机的控制随车型的不同而有所不同,可以分为无起动继电器的起动机控制和带起动继电器的起动机控制。

项目三 起动系统

1 无起动继电器的起动机控制

无起动继电器的起动机控制是由点火开关直接控制电磁开关通电，起动机工作，如图 3-14 所示。

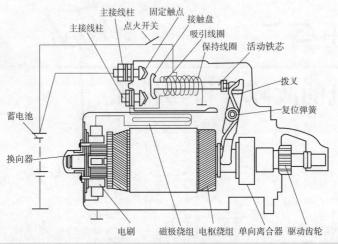

图 3-14 电磁开关与起动机工作电路

2 有起动继电器的起动机控制

有起动继电器的起动机控制电路如图 3-15 所示。当点火开关置于起动挡（ST 挡）时，点火开关接通起动继电器中电磁线圈电路，电磁线圈有较小电流通过而被磁化，使起动继电器中常开触点闭合，蓄电池电流经主接线柱、起动继电器触点到电磁开关上起动接线柱，电磁开关通电，起动机工作。科鲁兹轿车、威朗轿车起动机采用此种控制方式。

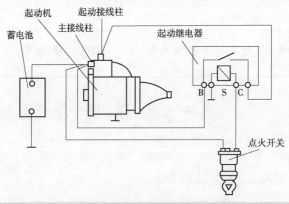

图 3-15 有起动继电器的起动机控制电路

引导问题 2 ▶ 起动系统有哪些常见故障？

起动系统常见故障及诊断见表 3-3。

起动系统常见故障及诊断表　　　　表3-3

故障现象	故障原因	故障处理方法
起动机不转	点火开关损坏	更换点火开关
	插接器脱落	重新插紧插接器
	电磁开关故障	检修电磁开关
	蓄电池严重亏电或损坏	充电或更换蓄电池
	起动机内部故障	检修起动机
起动机运转无力	蓄电池亏电	充电
	蓄电池极柱或起动机接线柱接触不良	清除氧化物并紧固
	电磁开关内触点、接触盘烧蚀	修复或更换电磁开关
	电动机故障	检修电动机
起动机空转	单向离合器打滑或驱动齿轮磨损过度	更换单向离合器
	拨叉或弹簧损坏	更换拨叉或弹簧
	电磁开关拉钩与拨叉未钩住或损坏	重新安装或更换
	飞轮的齿圈轮齿损坏	更换齿圈
	驱动齿轮端面与挡套间隙过大	调整
起动机不停	拨叉复位弹簧折断	更换拨叉复位弹簧
	电磁开关触点烧蚀粘住	修复或更换电磁开关
	单向离合器运动发卡	检修并润滑
起动机异响	轴承松旷	更换轴承
	电磁开关线路断路	检修或更换电磁开关
	驱动齿轮的轮齿损坏	更换驱动齿轮

二、实 施 作 业

引导问题3 检测起动机作业需要哪些工具、设备和材料？

（1）扳手、旋具、尖嘴钳、跨接线、试灯、万用表、高率放电计、游标卡尺；
（2）翼子板护裙、转向盘护套、变速杆护套、座椅护套和脚垫；
（3）蓄电池、起动机及部件、点火开关；
（4）威朗轿车维修手册。

引导问题4 通过查询，填写车辆以下信息。

生产年份_____，车牌号码_____，行驶里程_____km，发动机型号_____，车辆识别代码(VIN)_____。

项目三 起动系统

> **引导问题 5** 怎样规范地检查起动机供电?

（1）按喇叭或开启前照灯，如果喇叭响声小或前照灯灯光暗淡，则表明蓄电池存电不足或电缆连接不牢固。应检查蓄电池状况或紧固电缆。

（2）检查蓄电池放电程度。如果蓄电池电量不足，则对蓄电池进行充电或更换蓄电池。

（3）在蓄电池状况良好的情况下，检查电缆连接情况。检查蓄电池极柱上的正极电缆、负极电缆连接处有无脏污或松脱，若有，应予以清洁或紧固。检查起动机电磁开关主接线柱连接电缆是否松脱，并予以紧固。

> **引导问题 6** 如何对不解体的起动机进行检测?

在进行起动机的解体之前，通过不解体性能检测可以大致找出故障；起动机组装完毕后也应进行性能检测，以保证起动机正常运行。

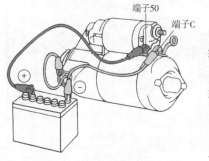

图 3-16 吸引线圈功能试验

1）吸引线圈性能测试

将起动机励磁线圈的引线断开，按图 3-16 所示用跨接线将蓄电池负极与电磁起动机开关端子 C 及外壳相接，蓄电池正极与电磁起动开关端子 50 相接。以能听到驱动齿轮伸出的声响为正常，无伸出声响为功能失效。

2）保持线圈性能测试

按图 3-17 所示连接导线，在驱动齿轮移出之后从端子 C 上拆下导线，驱动齿轮仍应保持伸出的正常位置，否则为保持线圈功能失效。

3）驱动齿轮回位测试

测试方法如图 3-18 所示，当断开蓄电池负极与电磁起动机开关端子 C 及外壳的连接时，驱动齿轮应能迅速返回原始位置，否则为驱动齿轮存在复位故障。

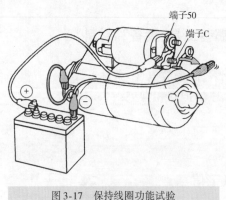

图 3-17 保持线圈功能试验

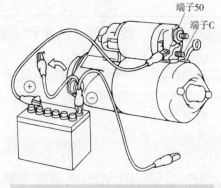

图 3-18 驱动齿轮复位试验

4）驱动齿轮间隙的检查

按图 3-19a）所示，将蓄电池负极与起动机外壳相接，蓄电池正极与电磁起动开关端子

50 相接。并按图 3-19b) 所示,将驱动齿轮推向电枢方向后,进行驱动齿轮间隙的测量,正常值应为 1～4mm。

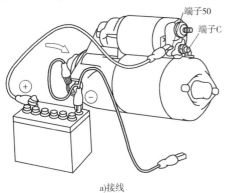

a) 接线

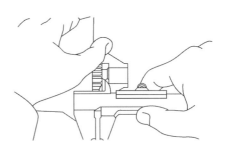

b) 测量

图 3-19 驱动齿轮间隙检查

5) 起动机空载试验

首先将起动机固定好,再按图 3-20 所示连接导线,通电后起动机运转应平稳,同时驱动齿轮应平稳移出。读取安培表的数值,应符合相应起动机对应的标准值。断开蓄电池正极与起动机端子 50 连接后,起动机应立即停止转动,同时驱动齿轮迅速复位。

6) 判断

将以上检测的结果填入表 3-4,并根据其结果判断起动机在不解体的前提下是否存在故障。

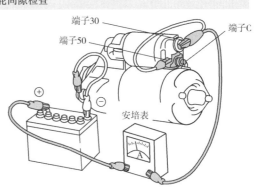

图 3-20 起动机空载测试

起机动不解体测试结果　　　　　　　表 3-4

项 目	结 论		
	测试的现象	测试的结果	判断其好坏
保持线圈测试			
吸引线圈测试			
齿轮复位测试			
齿轮间隙检查			
空载测定			

引导问题 7　如何对起动机主要部件进行检测?

1 直流起动机的检修

1) 磁场绕组(定子)的检查

磁场绕组(定子)的检查如图 3-21 所示,进行导线连接。

(1)磁场绕组断路的检查:首先通过外部验视,看其是否有烧焦或断路处,若外部验视未发现问题,可用万用表电阻 $R\times 1\Omega$ 挡检测,两表笔分别接触起动机外壳引线(即电流输入接线柱)、两磁场绕组绝缘电刷接头是否导通,如果测得的电阻无穷大,说明磁场绕组断路,应予以检修或更换。

(2)磁场绕组搭铁的检查:用万用表电阻 $R\times 10k$ 挡(或数字万用表高阻挡)检测磁场绕组电刷接头与起动机外壳是否相通,如果相通,说明磁场绕组绝缘不良而搭铁;如果阻值较小,说明有绝缘不良处,应检修或更换磁场绕组。

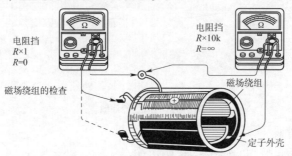

图3-21 磁场绕组(定子)的检查

将对磁场绕组检测的参数填入表3-5中并判断其好坏。

磁场绕组断路检测　　　　　　　　　　　　　　表3-5

项　目	结　　论		
	万用表的量程	实际测量值	是否损坏
磁场绕组断路的检查			
磁场绕组搭铁的检查			

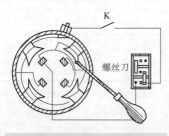

图3-22 磁场绕组短路的检查

(3)磁场绕组短路的检查:可用2V直流电进行接线,如图3-22所示。电路接通后,将螺丝刀放在每个磁极上,检查磁极对螺丝刀的吸引力是否相同。若某一磁极吸力太小,就表明该磁场绕组有匝间短路故障存在。

将其对磁场绕组短路检查情况填入表3-6并判断其好坏。

2)电枢绕组(转子)的检查

电枢绕组的检查,可利用万用表进行。

磁场绕组短路检测　　　　　　　　　　　　　　表3-6

项　目	结　　论		
	绕组通电电压	磁极上有无磁力	判断其好坏
磁场绕组短路的检查			

(1)电枢绕组搭铁的检查:用电阻 $R\times 10k$ 挡检测,如图3-23所示,用一根表笔接触电枢,另一根表笔依次接触换向器铜片,万用表指针不应摆动即电阻值为无穷大,否则说明电

枢绕组与电枢轴之间绝缘不良有搭铁之处。

（2）电枢绕组短路的检查：用电阻 $R\times 10k$ 挡检查换向器和电枢铁芯之间是否导通，如图3-24所示。如有导通现象，说明电枢绕组搭铁，应更换电枢。

（3）电枢绕组断路的检查：用电阻 $R\times 1$ 挡，将两个表笔分别接触换向器相邻的铜片，如图3-25所示，测量每相邻两换向片间是否相通，如万用表显示阻值"0"，说明电枢绕组无断路故障，若电阻值为无穷大，说明此处有断路故障，应更换电枢。

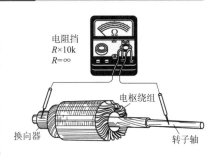

图3-23　电枢绕组搭铁检查

图3-24　电枢绕组短路检查

图3-25　电枢绕组断路检查

对于磁场绕组的断路、短路、搭铁故障都应对其检修或更换，将对电枢绕组检测的各项参数填入表3-7，并判断其合格与否。

电枢绕组检测　　　　　　　　　　　　　　　　　　表3-7

检查项目		标准情况	检测情况	结　论
电枢绕组	断路检验	$R=0\Omega$		①合格 ②不合格
	搭铁检验	$R=\infty$		
	短路检验	$R=\infty$		

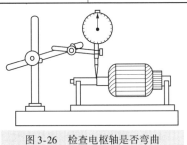

图3-26　检查电枢轴是否弯曲

3）电枢轴的检查

用千分表检查电枢轴是否弯曲，如图3-26所示。若铁芯表面摆差超过0.15mm或中间轴颈摆差大于0.05mm时，均应进行校正或更换。另外，还应检查电枢轴上的花键齿槽，如严重磨损或损坏，则应修复或更换。

将电枢轴的检查实际测量值填入表3-8。

电枢轴检测　　　　　　　　　　　　　　　　　　表3-8

检测项目	标准情况	检测情况	结　论
电枢轴弯曲度	≤0.15mm		①合格 ②不合格

4）电刷的检查

（1）检查电刷的高度。电刷高度应不低于新电刷高度的2/3（国产起动机新电刷高度一般为14mm），即9mm，否则应换新。

(2) 检查电刷的接触面积。电刷与换向器铜片表面之间的接触面积应达到75%以上，否则应研磨电刷，将检测结果填入表3-9。

电刷高度的检查   表3-9

检测项目	标准情况	检测情况	结论
电刷高度	9mm		①合格 ②不合格

2 传动机构的检修

(1) 检查拨叉：拨叉应无变形、断裂、松旷等现象，复位弹簧应无锈蚀、弹力正常，否则应更换；

(2) 驱动齿轮的检查：驱动齿轮的齿长不得小于全齿长的1/3（如解放牌与跃进牌汽车的齿长不应短于16mm），且不得有缺损、裂痕，否则应予更换；齿轮磨损严重或扭曲变形时，也应更换；

(3) 单向离合器的安装与检查：如图3-27所示，将单向离合器及驱动齿轮总成装到电枢轴上，握住电枢1，当向前后移动单向离合器外座圈2时，驱动齿轮总成应能沿电枢轴自如滑动。

如图3-28所示，在确保驱动齿轮无损坏的情况下，握住单向离合器外座圈，转动驱动齿轮，应能自由转动；反转时不应转动，否则就有故障，应更换单向离合器。

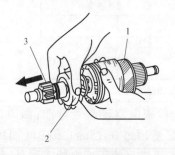

图3-27 单向离合器的安装与检查
1-电枢；2-单向离合器外座圈；3-驱动齿轮

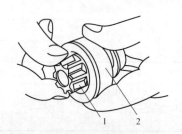

图3-28 单向离合器进一步检查
1-驱动齿轮；2-单向离合器外座圈

电磁开关线圈的检查：用万用表 $R \times 1$ 挡分别测量吸引线圈和保持线圈的电阻，吸引线圈的电阻值一般在 0.6Ω 以下，而保持线圈的阻值一般在 1Ω 左右，如万用表指针不摆动即电阻值无穷大，说明线圈断路；若电阻值小于规定值，说明线圈有匝间短路。将检测结果填入表3-10。线圈断路或短路均需更换。

电磁开关线圈的检测表   表3-10

检测项目	标准情况	检测情况	结论
电磁开关线圈	吸引线圈电阻值(Ω)		①合格 ②不合格
	保持线圈电阻值(Ω)		

引导问题8 如何对起动机零部件进行清洗与装配？

（1）对分解的零部件进行清洗，清洗时，对所有的绝缘部件，只能用干净布蘸少量汽油擦拭，其他机械零件均可放入汽油、煤油或柴油中洗刷干净并晾干。

注意：换向器铜片及电刷表面在装配时，不应沾有油污。

（2）按解体的相反顺序进行安装，在将电枢轴装入电刷架时，应防止将电刷撞断，必要时使用专用工具进行安装。

（3）装配完毕后，转子应转动灵活，无碰擦或卡滞现象。

（4）用螺丝刀沿轴向拨动驱动齿轮，应能伸出并能自动回位。

三、评价反馈

对本学习任务进行评价，见表3-11。

评 分 表　　　　　　　　　　　　　表3-11

考核项目	评分标准	分数	学生自评	小组评价	教师评价	小计
活动参与	是否积极主动	5				
安全生产	有无安全隐患	10				
现场5S	是否做到	10				
任务方案	是否合理	15				
操作过程	磁场绕组检查； 电枢绕组检查； 电枢轴弯曲度检查； 电刷高度检查； 电磁开关检查	30				
任务完成情况	是否圆满完成	5				
工具和设备使用	是否规范、标准	10				
劳动纪律	是否违反	10				
工单填写	是否完整、规范	5				
总分		100				
教师签名：				年　月　日	得分	

四、学习拓展

1. 填空题

（1）电刷与换向器的接触面积不低于＿＿＿＿＿＿。

（2）在将起动机传动叉压到极限位置时，驱动小齿轮与止推垫圈之间必须保持适当的间隙,这个间隙一般为_____。

(3)起动机电刷的高度如不符合要求,则应予以更换。一般电刷高度不应低于标准高度的_____。

2. 判断题

(1)起动机不转动故障在检修时应先检查蓄电池电压。　　　　　　　　(　　)

(2)判断起动机电磁开关中吸引线圈和保持线圈是否已损坏,应以通电情况下看其能否有力地吸动活动铁心为准。　　　　　　　　　　　　　　　　　　(　　)

(3)单向离合器的检查,按顺时针转动驱动齿轮,单向离合器应该被锁住;逆时针转动时,单向离合器应可自由转动。　　　　　　　　　　　　　　　　　(　　)

3. 简答题

(1)起动机单向离合器有哪几种?

(2)简述起动机的工作过程。

(3)简述起动机电磁开关电流走向。

项目四 照明与信号系统

学习任务一 照明与信号系统认知

学习目标

完成本学习任务后,你应当能:
(1)掌握照明与信号系统的组成及各灯具的作用、特征及要求;
(2)掌握前照灯系统的结构组成、工作原理、安装使用情况;
(3)掌握汽车前照灯的使用要求;
(4)掌握前照灯的防眩目措施。

 建议完成本学习任务的时间为 2 课时。

 学习任务描述

一辆科鲁兹轿车,在晚间行驶的过程中,打开汽车远光灯,远光灯不亮,驾驶员将车开到 4S 店与服务顾问沟通,服务顾问开出工单提出解决此故障的方法。你知道是什么吗?

一、资料收集

引导问题 1 汽车照明装置有哪些？各有什么作用？

汽车照明装置按安装位置及用途可分为车外照明装置、车内照明装置和工作照明装置。

1 车外照明装置

车外照明装置有前照灯、雾灯、牌照灯、倒车灯等，如图 4-1 所示。

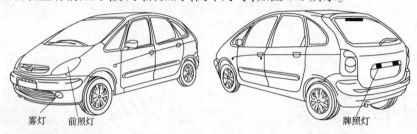

图 4-1 车外照明装置

1）前照灯

前照灯位于汽车头部两侧，主要用途是照明车前的道路和物体，确保行车安全。同时还可利用远光、近光交替变换作夜间超车信号。

车辆夜间行车时，通常采用远光灯，而当对向有车来即会车时，应换用近光灯，超车前也应用远、近灯光的变换来提醒被超车辆驾驶员注意。

2）雾灯

雾灯位于车头和车尾，安装在车头的雾灯称为前雾灯，安装在车尾的雾灯称为后雾灯。

雾灯用于雾天、暴雨、下雪或沙尘弥漫等情况下汽车行驶的照明。通常雾灯光色为黄色，黄色光波较长，穿透性好。

3）牌照灯

牌照灯位于汽车后牌照的上方或两侧，用于汽车夜间行驶时牌照的照明，其亮度应保证在 25m 以外能认清牌照号码。

4）倒车灯

倒车灯位于汽车尾部，用于夜间汽车倒车时照明后方，通常能照亮车后 10m 的距离。倒车灯也兼倒车信号灯。

2 车内照明装置

车内照明装置有仪表灯、顶灯、行李舱灯、阅读灯、工作灯等，如图 4-2 所示。

1）仪表灯

仪表灯位于仪表板内，用于汽车仪表的照明，便于光线较暗时驾驶人观察仪表。

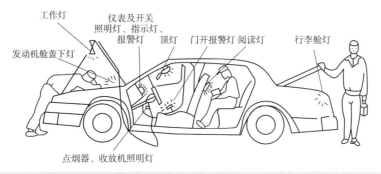

图 4-2　车内照明装置

2）顶灯

顶灯位于驾驶室或车厢顶部,又称室内灯,用于室内照明。顶灯由开关控制,可由安装在车门上的门控开关控制,当车门打开时,顶灯亮起,当车门关上后,顶灯熄灭。

3）行李舱灯

行李舱灯位于行李舱内,用于夜间行李舱的照明。

3　工作照明装置

汽车工作照明装置包括发动机舱盖下灯,维修照明灯等,其作用是为驾驶员和维修人员检修汽车时提供照明。

引导问题2　汽车信号系统是由什么组成的?

信号系统分为灯光信号与音响信号两类,其中灯光信号系统包括前小灯、后尾灯、转向及危险警报灯、制动灯等,音响信号包括喇叭与倒车蜂鸣器等。

1　制动灯

制动灯装在汽车尾部,共两只,一般为功率为20W,红色,当驾驶员踩下制动踏板时灯亮,提醒后方车辆和行人注意安全。其信号距离应达到至少100m。

2　示宽灯

又称驻车灯、示廓灯,装在汽车前面,两只,白色,作用是汽车夜间行车或停车时,标示其轮廓或存在。至少100m内应确保能辨认其灯光信号。

3　尾灯

又叫后照灯,两只,装在汽车尾部,用于标示车辆的轮廓,其灯光一般为红色,其信号距离也应达到至少100m。

4　转向信号灯

安装在汽车前后左右4个角的外部,一般功率为20W,橙色或琥珀色,用以在起步、转弯、变更车道及靠边停车时,提醒周围的车辆驾驶员、行人和交警注意。其信号距离要求在左右各5°范围内至少应达到35m,在左右各30°范围内至少应达到10m。

汽车转向灯的闪光频率通常为65~110次/min,但以70~90次/min为宜。若发现闪光器的频率太快或太慢,则予适当的调整与检查。若损坏,则需更换。

5 危险警报灯

用于在危险状况时使左右转向灯同时闪烁,由专门的危险警报开关控制。

6 反射器

无光源的塑料片,有红、黄、橙等颜色,用来反射外来的光线,以标示车辆的存在。

引导问题3 什么是汽车前照灯,它有什么使用要求,它的结构又是怎样的?

前照灯(又称大灯)是汽车上最主要的照明灯具,前照灯安装于车辆前部两侧,用于夜间行车道路的照明使用,为白色。它主要由前照灯开关、远光灯、近光灯、前照灯变光开关、环境光照传感器及控制模块等组成。

从发光源的不同可分为:卤素前照灯和氙气前照灯两种形式,如图4-3所示。

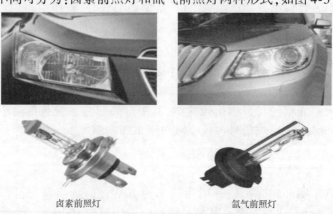

卤素前照灯　　　　　　　氙气前照灯

图4-3　前照灯

1 前照灯的使用及要求

为确保汽车夜间行驶安全,世界各国都规定了汽车前照灯的照明标准,其基本要求为:

(1)前照灯应保证汽车前方100m以内的路面上得到明亮而均匀的照明,驾驶员能辨明路面上的任何障碍物。随着汽车行驶车速的不断提高,要求车前的照明距离也相应增加。

(2)前照灯应具有防眩目装置。防止夜间会车时因对向来车驾驶员眩目而造成交通事故。

为了满足第一个要求,根据光路的可逆性原理,在前照灯的设计和制造上,配备了由灯泡、反射镜、配光镜三部分组成的光学系统。为了满足第二个要求,对前照灯的使用作了必要的规章制约,同时还对灯泡结构作了合理的设计。

2 前照灯的基本结构

以卤素前照灯为例,前照灯的光学系统包括灯泡、反射镜和配光镜,如图4-4所示。

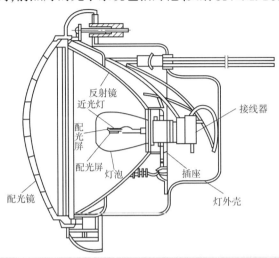

图4-4 前照灯的基本结构

1)灯泡

前照灯的灯泡主要有白炽灯泡和卤钨灯泡两种,如图4-5所示。灯泡的灯丝由钨丝制成。因钨丝在使用时易蒸发损耗,使灯泡的使用寿命缩短,一般将玻璃泡中的空气抽出,充入惰性气体或卤族元素,若充入的气体为惰性气体,称为白炽灯泡,如图4-5a)所示;若充入的惰性气体中含有卤族元素,称为卤钨灯泡,如图4-5b)所示。卤钨灯泡是利用卤钨再循环反应,将从灯丝上蒸发出来的气态钨与卤素反应生成挥发性卤化钨,卤化钨扩散到灯丝附近的高温区又受热分解,使钨重新回到钨丝上,防止了钨丝的蒸发和钨丝灯泡的黑化。卤钨灯泡比白炽灯泡使用寿命长,亮度大。

2)反射镜

反射镜又称反光镜,其作用是将灯泡发出的散光聚合成强光束,以增加照明距离。反射镜为旋转抛物面,其内表面多采用真空镀铝后抛光,如图4-6所示。

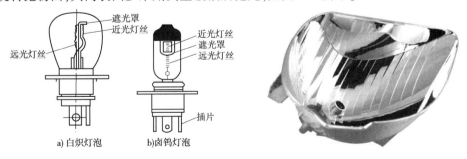

图4-5 灯泡　　　　　图4-6 反射镜

由于灯泡发出的光亮度有限,若无反射镜,只能照明车前数米的距离。将灯丝置于反射镜的焦点上,灯丝大部分光线经反射成为平行光束射出,其距离可达150m或更远,且使亮度增强,而其他光线直接向前散射,其中向侧方和下方散射的光线可照明车前10m左右,如图4-7所示。

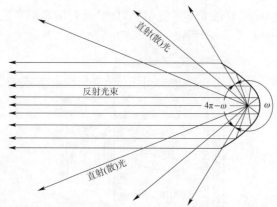

图4-7 反射示意图

3)配光镜

图4-8 配光镜

配光镜又称散射玻璃,它是由透明玻璃压制而成的棱镜和透镜的组合体,如图4-8所示。

配光镜安装在反射镜前,其外形一般为圆形或方形,配光镜的外表面平滑,内侧精心设计成由许多特殊的凸透镜和棱镜组成的组合体。配光镜的作用是将反射镜反射出来的光线进行散射与折射,以扩大光照范围,使前照灯100m以内的路面和路缘有均匀的照明,使照射区域的光照度分布符合标准要求。

3 前照灯防炫目措施

夜间会车时,前照灯强烈的光线容易使迎面驾驶人炫目,从而引发交通事故,必须采取有效的防炫目措施。

1)采用双丝灯泡

前照灯通常采用双丝灯泡,一个灯丝为远光灯丝,位于反射镜的焦点,射出的光线远而亮;另一个灯丝为近光灯丝,位于反射镜焦点的上方或前方,射出的光线大部分向下倾斜,且光线较弱,可防炫目,如图4-9所示。我国交通法规规定,夜间会车时,须在距对面来车150m以外互相关闭远光灯,使用近光灯。

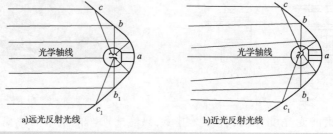

图4-9 双丝灯泡反射光线

2) 设置遮光罩

在双丝灯泡的近光灯丝下设置遮光罩(又称配光屏),当近光灯丝发光时,近光灯丝下方的光线被遮住,消除了向上的反射光线,而远光灯丝发光时,遮光罩不起作用,如图4-10所示。

3) 采用合理的配光光形

前照灯近光配光光形如图4-11所示。近光灯丝位于反射镜焦点的上方或前方,并向右偏斜,近光光形分布基本对称(稍偏右),称为对称形配光,如图4-12a)所示。遮光罩偏转一定角度,使近光光形分布不对称,形成一条明显的明暗截止线,称为E形非对称形配光,防炫目效果较好,目前绝大部分前照灯采用这种配光光性,如图4-11b)所示。近光光形明暗截止线呈Z形,称为Z形非对称配光,可以使对面的驾驶人和行人不炫目,是一种优良的配光光形,如图4-11c)所示。

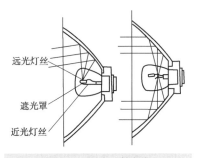

图4-10 近光反射光线

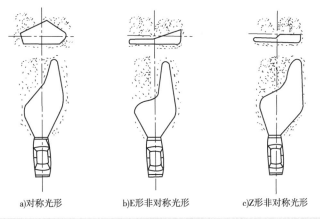

a)对称光形　　　　b)E形非对称光形　　　　c)Z形非对称光形

图4-11 前照灯近光配光光形

引导问题4 前照灯有哪些类型,又有哪些新型前照灯?

1 前照灯的类型

前照灯按结构可分为可拆式前照灯、半封闭式前照灯和封闭式前照灯。因可拆式前照灯密封性差,目前很少采用,已趋淘汰。

1) 半封闭式前照灯

半封闭式前照灯的配光镜靠反射镜边缘上卷曲的牙齿紧固在反射镜上,且两者之间垫有橡胶密封圈,灯泡只能从反射镜后部拆装,如图4-12所示。这种前照灯维护方便,目前得到广泛应用。

2) 封闭式前照灯

封闭式前照灯的灯丝焊在反射镜底座上,反射镜与配光镜用玻璃制成一体,反射镜表面经真空镀铝，里面充入惰性气体，形成灯芯，如图 4-13 所示。这种前照灯密封性好，完全避免了反射镜的污染，照明效果好，使用寿命长，但当灯丝烧断后，需要更换灯芯，成本较高。

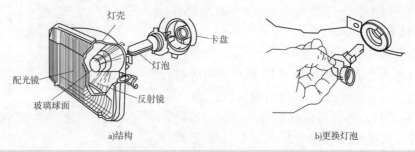

图 4-12 半封闭式前照灯结构及灯泡更换

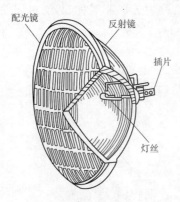

图 4-13 封闭式前照灯

前照灯有两灯制前照灯和四灯制前照灯。两灯制前照灯采用远光、近光双丝灯泡，安装在车辆前部两侧。四灯制前照灯采用远光、近光双丝灯泡和远光单丝灯泡，一对远光单丝前照灯安装在车辆前部内侧。

2 新型前照灯

1）投射式前照灯

投射式前照灯如图 4-14 所示。其反射镜近似于椭圆形状，具有两个焦点，在第一焦点处放置灯泡，一般为卤钨灯泡，灯泡发出的光经反射镜形成第二焦点，凸形配光镜的焦点与第二焦点重合，通过配光镜将聚集的光投射到前方。在第二焦点附近设有遮光板，可遮住投向上半部的光，形成明暗分明的配光。采用投射式前照灯，可利用的光束增多，若将反射镜制成扁长断面，很多光束便可横向扩散，结构紧凑，经济实用。

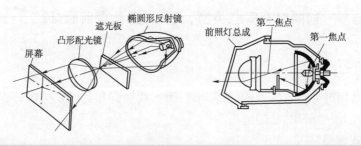

图 4-14 投射式前照灯

2）高亮度弧光灯

高亮度弧光灯由弧光灯组件、电子控制器和升压器组成，如图 4-15 所示。在石英管内有两个电极，管内充有氙气及微量金属（或金属卤化物）。其发出的光色成分和日光灯非常相似，发光强度是卤钨灯泡的 2.5 倍，寿命可达卤钨灯泡的 5 倍，可节约 40% 的电能。

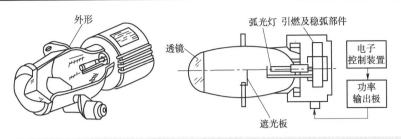

图 4-15　高亮度弧光灯

二、实施作业

引导问题 5　更换前照灯灯泡作业需要哪些工具、设备和材料?

(1) 扳手、旋具、螺丝刀;
(2) 翼子板护裙、转向盘护套、变速杆护套、座椅护套、脚垫;
(3) 前照灯近光灯泡、远光灯泡、双丝灯泡。

引导问题 6　怎样规范地更换前照灯灯泡?

1 前照灯组件

前照灯组件的分解图,如图 4-16 所示。安装时不要接触玻璃灯泡。以免手指在玻璃灯泡上留下油腻痕迹,使玻璃灯泡模糊。

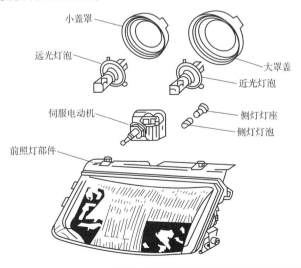

图 4-16　前照灯组件分解图

2 更换近光灯泡

（1）拆下前照灯背面上大罩盖；
（2）拔出近光灯泡的插头，如图4-17所示；
（3）在止动销上，旋压弹簧丝夹（弹簧丝U型螺栓），并且把它翻转到侧面；
（4）从反射罩中取出近光灯泡；
（5）安装新的灯泡，使摩擦盘圆片上的止动销在反射罩上的凹槽中；
（6）在安装一只新的近光灯泡之后，应检查前照灯的调整角度。

3 更换侧灯灯泡

（1）拆下前照灯背面上大的罩盖；
（2）从反射罩中取出带接线插座的灯泡灯座；
（3）从灯座中取出旧灯泡，并且换上新的灯泡；
（4）把使用白炽灯的灯座塞进反射罩中，一直插到底时为止。

4 更换远光灯泡或远光和雾灯的双灯丝灯泡

（1）拆下前照灯背面上小罩盖；
（2）拔出远光灯泡或双灯丝灯泡的插头，如图4-18所示；
（3）经过止动销，旋压弹簧丝夹，并且把它翻转到侧面；
（4）从反射罩中取出远光灯泡或双灯丝灯泡；
（5）换上新的灯泡，使摩擦盘圆片上的止动销位于反射罩上的凹槽中。

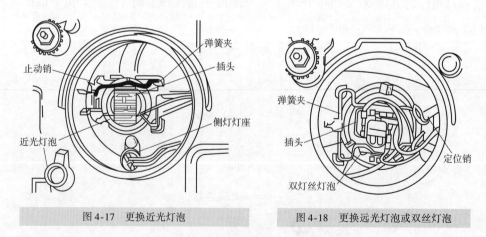

图4-17 更换近光灯泡　　　图4-18 更换远光灯泡或双丝灯泡

三、评价反馈

对本学习任务进行评价，见表4-1。

评 分 表 表4-1

考核项目	评分标准	分数	学生自评	小组评价	教师评价	小计
活动参与	是否积极主动	5				
安全生产	有无安全隐患	10				
现场5S	是否做到	10				
任务方案	是否合理	15				
操作过程	前照灯近光灯泡更换；前照灯远光灯灯泡或灯丝更换	30				
任务完成情况	是否圆满完成	5				
工具和设备使用	是否规范、标准	10				
劳动纪律	是否违反	10				
工单填写	是否完整、规范	5				
总分		100				
教师签名：			年 月 日		得分	

四、学习拓展

1. 填空题

(1) 汽车照明装置按位置及用途可分为_____、_____和_____。

(2) 前照灯的光学系统包括_____、_____和_____。

2. 简答题

(1) 前照灯为什么要具有防眩目装置？

(2) 查阅资料，说明LED在汽车照明系统中的应用。

(3) 查阅资料，说明奥迪A8L运用了哪些大灯技术。

项目四 照明与信号系统

学习任务二

前照灯检测与维修

学习目标

完成本学习任务后,你应当能:
(1)掌握前照灯系统的线路及控制原理;
(2)掌握前照灯亮度与方向的检测方法及要求,并对结果进行处理;
(3)能读懂给定的"检测工艺流程",对测试结果进行分析;
(4)正确地使用工具和设备。

 建议完成本学习任务的时间为 **4 课时**。

 学习任务描述

一辆科鲁兹轿车,车主反映:前照灯远光不亮。需要你对前照灯电路进行检测,确定故障部位并进行修理。

一、资料收集

引导问题 1 前照灯的结构及工作原理是什么?

1 前照灯的控制部件

前照灯的控制部件包括灯光开关、变光开关、前照灯继电器等。
1)灯光开关
灯光开关的形式有拉钮式、旋转式和组合式等。通常采用组合开关,将前照灯、小灯(前位灯、尾灯、仪表灯、牌照灯)、转向信号灯及变光等开关制成一体,安装在转向盘左下方的转向柱上。组合开关操纵杆端部旋钮有 3 个位置,转动旋钮,可依次接通小灯和前照灯,如图 4-19 所示。

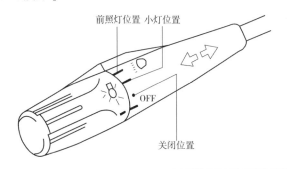

图 4-19　组合开关操纵杆

2)变光开关

变光开关的作用是变换前照灯的近光和远光。变光开关串接在前照灯电路中。将组合开关操纵杆端部旋钮置于前照灯位置,拨动操纵杆可使前照灯变光(近光与远光变换)。

3)前照灯继电器

前照灯工作电流较大,如用灯光开关直接控制前照灯,灯光开关易烧坏,因此,在前照灯电路中设有前照灯继电器。前照灯继电器 SW 端子接灯光开关,E 端子搭铁,B 端子接电源,L 端子接变光开关,如图 4-20 所示。当接通灯光开关(前照灯位置),继电器线圈通电,触点闭合,通过变光开关向前照灯供电。

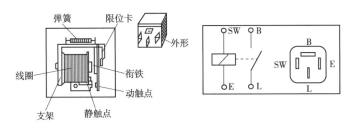

图 4-20　前照灯继电器

2 前照灯工作情况

(1)前照灯近光工作情况如图 4-21 所示。将灯光开关置于 Head 挡(前照灯挡),变光开关置于 Lo 挡(近光挡),前照灯近光电路接通,其回路:蓄电池正极→前照灯断电器→灯光开关 Head 挡→变光开关 Lo 挡→前照灯左、右近光灯丝→搭铁→蓄电池负极,前照灯近光亮。

(2)前照灯远光工作情况如图 4-22 所示。将灯光开关置于 Head 挡(前照灯挡),变光开关置于 Hi 挡(远光挡),前照灯远光电路接通,其回路:蓄电池正极→前照灯断电器→灯光开关 Head 挡→变光开关 Hi 挡→前照灯左、右远光灯丝→搭铁→蓄电池负极,前照灯远光亮。

项目四 照明与信号系统

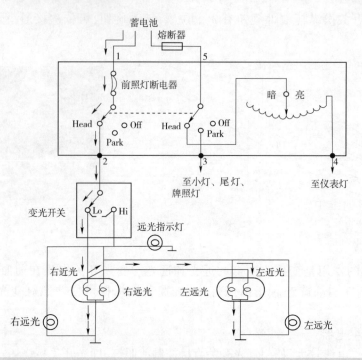

图 4-21　前照灯近光工作电路图

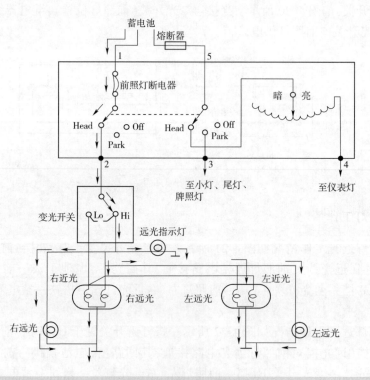

图 4-22　前照灯远光工作示意图

引导问题2　怎样使用与维护前照灯？

1 前照灯的正确使用

（1）应注意前照灯的密封，防止水及灰尘进入，以免污染反射镜；
（2）前照灯的光学组件要配套，不要随意更换不同功率的灯泡；
（3）前照灯安装要牢固。

2 前照灯的维护

1）前照灯的清洁
清洗前照灯的配光玻璃表面灰尘，并用抹布擦干。
2）前照灯外观的检查
（1）检查前照灯的配光玻璃是否破裂。如果有，则更换前照灯。
（2）检查前照灯安装是否牢固。如果有松动，则予以紧固。
3）前照灯工作情况的检查
检查两侧前照灯的远光或近光是否同时点亮，远光、近光变换是否正常。如果前照灯工作异常，则予以检修。
4）前照灯光束的检查
检查前照灯的近光束照射位置可使用屏幕检查法或检验仪检查法。检查时，场地应平整，轮胎气压正常，汽车空载（允许乘坐一名驾驶人），蓄电池电量充足，前照灯安装牢固。
（1）屏幕检查法。如图4-23所示，将汽车停在水平路面上，按规定给轮胎充足气压，汽车轻载（一名驾驶人乘坐），距前照灯10mm处，竖一幕布（或利用白墙壁），在屏幕上画出两条垂直线（一线通过左前照灯的中心，一线通过右前照灯的中心）和二条水平线（一条与前照灯离地距离等高 H，另一条比 H 低 D mm），比 H 低 D mm 的水平线与两垂直线分别相交于 a、b 两点，即为光电中心。如果不符合要求，则予以调整。调整时，把一只前照灯遮住，然后检查另一只前照灯的光束是否对准 a 或 b 点。若不符合要求，可通过调整螺钉来调整。然后以同样的方法调整另侧前照灯，如图4-24所示。
（2）检验仪检查法。检验仪检查法可以检验前照灯的光束照射位置与发光强度或照度。它有聚光式、屏幕式、投影式、自动追踪光轴式4种。FD-2型投影式前照灯检验仪可以测得光轴的偏移量和发光强度，如图4-25所示。

引导问题3　前照灯有哪些常见的故障？

前照灯常见故障有前照灯不亮，亮度降低和灯泡频繁烧坏等，见表4-2。

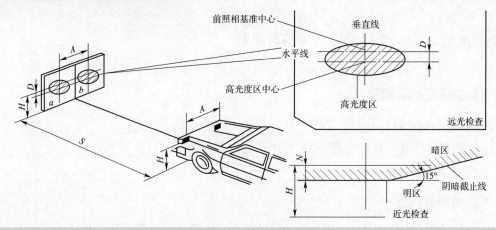

图 4-23 屏幕检测法

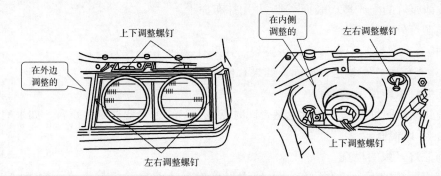

图 4-24 前照灯的调整部位

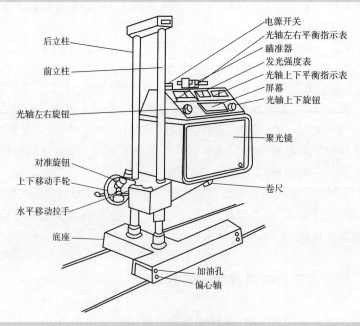

图 4-25 FD-2 型投影式前照灯检验仪

前照灯常见故障、原因和处理方法　　　　　　表 4-2

故障现象	故障主要原因	处理方法
所有照明灯都不亮	蓄电池至车灯总开关之间供电线断路或车灯开关损坏	首先用万用表或试灯检查蓄电池到车灯开关之间供电线,再检修或更换车灯开关
远光灯或近光灯不亮	远光灯或近光灯熔丝烧断或线路断路、变光开关损坏、灯光继电器损坏、车灯开关有故障等	应先检查远、近光灯熔丝,再检查灯光继电器、变光开关、车灯开关,最后检查远、近光灯线路
前照灯灯光暗淡	前照灯电路中存在接触不良的故障点:如车灯开关、变光开关、灯光继电器等处接线松动,前照灯线路中的插接器插接不牢、前照灯搭铁不良,发电机输出电压低等	应先检查发电机的输出电压是否为 14V 左右,然后用试灯检查前照灯的搭铁、线路插接器、灯光继电器、变光开关、车灯开关等处的接线是否正常
一侧前照灯灯光正常,另一侧前照灯灯光暗淡	灯光暗淡一侧前照灯搭铁不良,或该侧线路、熔断器接触不良	用试灯先检查熔断器、前照灯的搭铁是否正常,再检查该侧前照灯线路和插接器是否正常
前照灯灯泡经常烧坏	发电机输出电压过高	用万用表检测发电机的输出电压,若超过 15V,应检修或更换发电机调节器
前照灯亮但小灯不亮	小灯熔断器烧断、小灯电路存在短路搭铁点、车灯开关损坏等	用试灯检查熔断器、车灯开关、小灯线路
一侧小灯亮,另一侧小灯亮度变弱	灯光暗淡一侧的小灯线路接线不良或小灯搭铁不良	用试灯检测灯光暗淡一侧小灯的搭铁和小灯线路

1 前照灯不亮

(1) 故障原因:前照灯不亮包括两侧前照灯远光、近光均不亮;两侧前照灯远光或近光均不亮;一侧前照灯远光、近光均不亮;一侧前照灯远光或近光不亮。引起前照灯不亮的主要原因有灯泡损坏、熔断丝断开、开关或前照灯继电器损坏及线路故障等。

(2) 诊断方法:检查熔丝,如有熔断应予以更换。检查车灯火线有无电压,若有电压应检查灯丝及其搭铁线;若无电压应逐步向前排查,检查灯光变光开关和灯光总开关,大灯挡位是否接触不良,必要时给予修理和更换,电压正常则向后排查,检查前照灯继电器的线圈及触点是否正常,必要时给予更换;若均无问题应检查各处接线情况是否有松动、脱落或断路,必要时进行紧固和更换。

2 前照灯亮度降低

(1) 故障原因:前照灯亮度不够,通常是因蓄电池电量不足或发电机及调节器故障引起的。此外,导线连接松动或接触不良、导线过细或搭铁不良、反射镜有尘垢、灯泡发黑、灯泡功率过小等可导致灯光暗淡。

(2) 诊断方法:检查方法步骤基本同前照灯不亮,不再详述。

3 前照灯一只灯发红

(1) 故障原因:除考虑到与亮度不足类似的原因之外,尤其要重点考虑是否属于串电现象。当无论变换远近光开关均有一侧灯光发红时,应仔细检查是否为该灯搭铁不良。

(2) 诊断方法。先检查是否为该灯搭铁不良,若无问题则按该灯亮度不足进行诊断。

4 前照灯熔断丝常烧断

(1) 故障原因:电源电压大于前照灯的额定电压,通常可能为发电机调节器损坏导致调整电压偏高。

(2) 诊断方法:直接测量工作中的电源电压确定是否偏高或失控,必要时更换电压调节器。更换时注意应先排除故障,并注意必须按熔断丝的原型号和额定电流进行更换。

引导问题 4　前照灯不亮的检测工艺流程是怎样的?

科鲁兹轿车前照灯远光不亮,说明前照灯电路有故障,应按照规定的检测工艺流程进行故障分析,如图 4-26 所示。

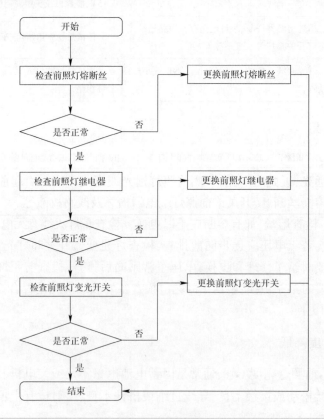

图 4-26　前照灯不亮的检测工艺流程

二、实施作业

引导问题5 检查前照灯作业需要哪些工具、设备和材料?

(1)扳手、旋具、万用表;
(2)翼子板护裙、转向盘护套、变速杆护套、座椅护套和脚垫;
(3)前照灯灯泡、组合开关、前照灯继电器。

引导问题6 通过查询资料,填写车辆以下信息。

生产年份＿＿＿＿＿＿,车牌号码＿＿＿＿＿＿,行驶里程＿＿＿＿＿＿km,车辆识别码(VIN)＿＿＿＿＿＿。

引导问题7 怎样规范地检查前照灯继电器?

(1)从发动机舱继电器盒上拆下前照灯继电器,如图4-27所示。

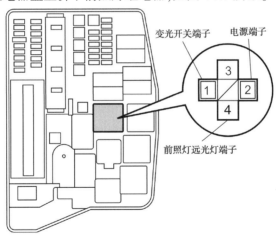

图4-27 前照灯继电器位置
1-变光开关端子;2、3-电源端子;4-前照灯远光灯端子

(2)前照灯继电器端子如图4-28所示。检查前照灯继电器导通性,见表4-3。如果不符合要求,则更换前照灯继电器。

(3)将变光开关置于远光挡,用万用表电压挡检查前照灯继电器插口2和插口3是否有无电压(蓄电池电压)。如果无电压,则检查H-LP-MAN熔断丝及线路。

(4)装上前照灯继电器。

(5)检查前照灯远光灯是否亮。如果不亮,则检查前照灯变光开关(组合开关)及线路。

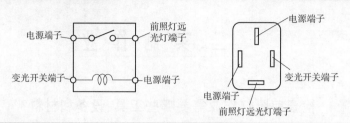

图 4-28　前照灯继电器端子

检查前照灯继电器导通性　　　　　　　　　　　　　　　　　表 4-3

检 查 条 件	规 定 状 态
在端子 1 与端子 2 间未施加蓄电池电压	端子 3—端子 4 不导通
在端子 1 与端子 2 间施加蓄电池电压	端子 3—端子 4 导通

引导问题 8　怎样规范地检查前照灯变光开关？

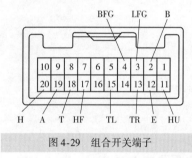

图 4-29　组合开关端子

（1）拔下组合开关插头。组合开关端子如图 4-29 所示。

（2）检查组合开关的变光开关挡导通性，见表 4-4。如果不符合要求，则更换组合开关。

（3）插上组合开关插头。

（4）检查前照灯远光是否亮。如果不亮，则检查前照灯变光开关线路。

检查组合开关的变光开关挡导通性　　　　　　　　　　　　　表 4-4

检测仪连接	开关状态	规定状态
11（HU）—12（E）	HIGH（远光）	小于 1Ω

三、评价反馈

对本学习任务进行评价，见表 4-5。

评　分　表　　　　　　　　　　　　　　　　　　　　　　　表 4-5

考核项目	评分标准	分数	学生自评	小组评价	教师评价	小计
活动参与	是否积极主动	5				
安全生产	有无安全隐患	10				
现场 5S	是否做到	10				
任务方案	是否合理	15				
操作过程	前照灯继电器检查；前照灯变光开关检查	30				
任务完成情况	是否圆满完成	5				

续上表

考核项目	评分标准	分数	学生自评	小组评价	教师评价	小计
工具和设备使用	是否规范、标准	10				
劳动纪律	是否违反	10				
工单填写	是否完整、规范	5				
总分		100				
教师签名：				年　月　日	得分	

四、学习拓展

1. 填空题

(1) 前照灯的远光灯丝应位于反射镜的_____。

(2) 打开前照灯开关,近光暗淡则_____。

(3) 能反射光束扩展分配,使光形分布更适宜汽车照明的器件是_____。

2. 简答题

(1) 查阅资料,说明奥迪 A6 轿车前照灯是怎样自动调整的。

(2) 查阅资料,说明宝马 X5 轿车前照灯更换过程。

学习任务三

信号装置检测与维修

学习目标

完成本学习任务后,你应当能:
(1) 叙述信号装置的种类及用途、转向信号灯电路的组成与工作原理;
(2) 能读懂给定的"检测工艺流程",对测试结果进行分析;
(3) 正确地使用工具和设备;
(4) 规范地检查转向信号灯电路。

 建议完成本学习任务的时间为 6 课时。

 学习任务描述

一辆科鲁兹1.5L轿车,车主反映:转向信号灯不亮。需要你对转向信号灯电路进行检测,确定故障部位并进行修理。

一、资料收集

引导问题1 汽车灯光信号装置有哪些?各有什么作用?

汽车灯光信号装置的作用是以灯光向其他车辆驾驶人、骑行者和行人发出示意或警告信号。主要灯光信号装置有位置灯、转向信号灯与危险警告灯、制动灯、驻车灯、雾灯等,如图4-30所示。

1 位置灯

位置灯装于汽车前、后部两侧,在夜间示意其轮廓和存在。前位灯又称示廓灯,一般为白色或黄色。后位灯又称尾灯,灯色为红色。

2 转向信号灯

转向信号灯又称转向灯,装于汽车的4个角和车身侧,一般为橙色。当汽车起步、转向或变更车道时,打开转向信号灯开关(向左或向右),转向信号灯发出明暗变化的灯光(闪烁),示意本车的行驶方向。目前,许多汽车前转向灯和前位置灯共用一个双丝灯泡,其中功率较大的灯丝用于转向信号灯,功率较小的灯丝用于前位置灯;后转向信号灯和后位置灯共用一个双丝灯泡,其中功率较大的灯丝用于转向信号灯,功率较小的灯丝用于后位置灯。

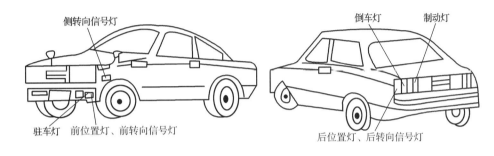

图 4-30 灯光信号装置

3 危险警告灯

用转向信号灯兼作危险警告灯。当汽车发生故障或遇有特殊情况时,按下危险警告灯按钮(红色"△"形),所有转向信号灯同时闪烁,作为危险警告信号。危险警告灯装置不受电源总开关或点火开关控制。

4 制动灯

制动灯俗称刹车灯,装于汽车后面,一般为红色。当踩下制动踏板时,制动灯亮,警告后面的车辆驾驶人及行人。小型车辆要求装备高位制动灯。制动灯由制动灯开关控制。制动灯开关一般装于制动踏板处,当踩下制动踏板时,制动灯开关接通制动灯电路,制动灯点亮;当松开制动踏板后,制动灯开关断开制动灯电路,制动灯熄灭。有些制动开关安装在制动主缸上,受液压作用。

5 驻车灯

驻车灯装于汽车前、后部两侧,用于夜间停车时标示车辆形位。驻车灯开关接通时,仪表灯、牌照灯并不亮,耗电量比位置灯小。

6 雾灯

用以改善雾、雪等恶劣天气条件下,汽车外部环境的视见状况。

项目四 照明与信号系统

引导问题2　转向信号装置由哪些部件组成？

转向信号装置主要包括转向信号灯、转向信号灯开关、危险警告灯开关、闪光器等，如图4-31所示。

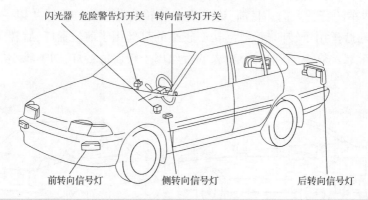

图4-31　转向信号装置组成

1 转向信号灯开关与危险警告灯开关

转向信号灯开关与危险警告灯开关的操作如图4-32所示。转向信号灯开关与前照灯开关组合在一起，构成组合开关，拨动转向信号灯开关，可接通转向灯电路，左或右转向灯闪烁，如图4-32a)所示。标有红色"△"形的按钮为危险警告灯开关，当按下危险警告灯开关时，左右转向灯将同时闪烁，如图4-32b)所示。

a)转向信号灯开关

b)危险警告灯开关

图4-32　转向信号灯开关与危险警告灯开关操作

2 闪光器

闪光器用于控制转向信号灯的闪烁频率。闪光器的结构型式主要有电热式、电容式、晶体管式3种类型。电热式闪光器结构简单，制造成本低，但闪光频率不够稳定，使用寿命短，已被淘汰。而电容式闪光器闪光频率稳定；晶体管式闪光器具有性能稳定、可靠等优点，故得到广泛应用。

1)电容式闪光器

电容式闪光器见图4-33所示。当汽车向左转弯接通转向灯开关11时,电流便从蓄电池正极→电源开关8→接线柱B→线圈3→常闭触点2→接线柱L→转向灯开关11→左转向信号灯和指示灯10→搭铁→蓄电池负极构成回路。

此时线圈4、电容器6及灭弧电阻7被触点2短路,而电流通过线圈3产生的电磁吸力大于弹簧片2的作用力,触点2被迅速打开,转向灯处于暗的状态。

触点2打开后,蓄电池向电容器6充电,其充电电流由蓄电池正极→电源开关8→接线柱B→线圈3→线圈4→电容器6→接线柱L→转向灯开关11→左转向信号灯和指示灯10→搭铁→蓄电池负极构成回路。

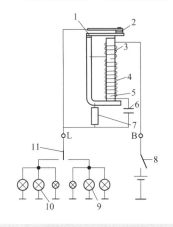

图4-33 电容式闪光器
1-常开触点;2-常闭触点;3、4、5-线圈;6-电容器;7-灭弧电阻;8-电源开关;9-右转向信号灯和指示灯;10-左转向信号灯和指示灯;11-转向灯开关

由于线圈4电阻较大,充电电流很小,不足以使转向信号灯亮,故转向灯仍处于暗的状态。同时充电电流通过线圈3、4产生的电磁吸力方向相同,使触点继续打开。随着电容器两端电压的逐渐升高,其充电电流逐渐减小,线圈3、4的电磁吸力减小,使触点2在弹簧片弹力作用下重新闭合。触点2闭合后,转向灯处于亮的状态,由于此时电容器6通过线圈4和触点2放电,其放电电流通过线圈4产生的磁场方向与线圈3的相反,电磁吸力减小,故触点2仍保持闭合,转向灯继续发亮。随着电容器的放电,电容器两端电压逐渐下降,其放电电流减小,则线圈3的电磁吸力增强,触点2重新打开,灯变暗。如此反复,触点不断开闭,使转向灯发出闪光。灭弧电阻7与触点2并联,用来减小触点火花。

2)晶体管式闪光器

晶体管式闪光器分为有触点晶体管式和无触点全晶体管式两种。

(1)有触点晶体管式闪光器为带继电器触点式晶体管闪光器,其触点为常闭触点,如图4-34所示。打开点火开关S,接通左(或右)转向信号灯开关,电流从蓄电池正极→点火开关S→电阻R_1→继电器J触点→左(或右)转向信号灯开关→左(或右)转向信号灯→搭铁→蓄电池负极,由于电阻R_1的电阻值小,电路中电流较大,左(或右)转向信号灯亮。电阻R_1上的分压给晶体管VT提供了偏置电压使其导通,电流流过继电器J的线圈,线圈产生电磁力使触点断开,电容器C充电,充电电流从蓄电池正极→点火开关S→电阻R_1→电阻R_2→电容器C→电阻R_3→左(或右)转向信号灯开关→左(或右)转向信号灯→搭铁→蓄电池负极,左(或右)转向信号灯由亮迅速变暗。电容器C充电过程中,晶体管VT的基极电位升高,晶体管VT截止,继电器J的线圈无电流通过,线圈的电磁力消失,继电器J的触点又重新闭合,左(或右)转向信号灯变亮。继电器J的触点闭合后,电容器通过电阻R_2、触点、电阻R_3放电,电容器C放电过程中,晶体管VT的基极电位下降,晶体管VT导通,继电器J的线圈有电流通过,触点又断开,左(或右)转向信号灯由亮变暗,电容器 C 再次充电。如此反复,左(或右)转向信号灯闪烁。

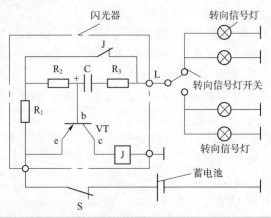

图 4-34　有触点晶体管式闪光器工作示意图

(2)无触点全晶体管式闪光器电路如图 4-35 所示。接通左(或右)转向信号灯开关,晶体管 VT_1 通过电阻 R_2 提供的正向偏置电压而导通,晶体管 VT_2、VT_3 则截止,电流从 +12V→接线柱 B→电阻 R_2→晶体管 VT_1→接线柱 L→左(或右)转向信号灯→搭铁,由于电流较小,转向信号灯较暗。同时,电容器 C 充电,晶体管 VT_1 的基极电位下降,晶体管 VT_1 截止。晶体管 VT_1 截止后,晶体管 VT_2、VT_3 则导通,电流直接流过晶体管 VT_3,由于电流较大,左(或右)转向信号灯较亮,此时,电容器 C 经电阻 R_1、R_2 放电,晶体管 VT_1 截止又导通。晶体管 VT_1 导通后,晶体管 VT_2、VT_3 则截止,左(或右)转向信号灯由亮变暗。如此反复,左(或右)转向信号灯便不断闪烁。

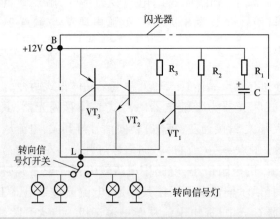

图 4-35　无触点全晶体管式闪光器工作示意图

引导问题 3　转向信号灯是怎样控制的?

转向信号灯/危险警告灯工作电路如图 4-36 所示。

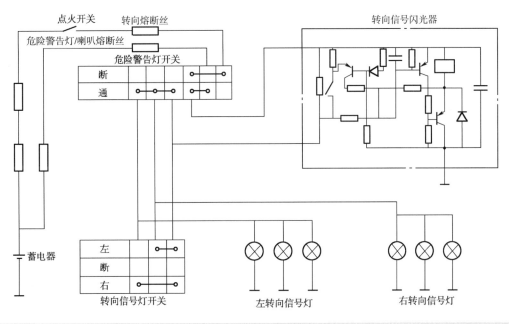

图 4-36　转向信号灯/危险警告灯工作电路

1 转向信号灯工作情况

打开点火开关，断开危险警告灯开关，将转向灯开关拨到左（或右），电流从蓄电池正极→点火开关→转向熔断丝→危险警告灯开关→转向信号闪光器→左转向信号灯开关（或右）→左（或右）转向信号灯→搭铁→蓄电池负极，左（或右）转向信号灯闪烁。

2 危险警告灯工作情况

危险警告灯在点火开关打开和关闭时均可工作。

(1) 点火开关打开，接通危险警告灯开关，电流从蓄电池正极→点火开关→转向熔断丝→危险警告灯开关→转向信号闪光器→危险警告灯开关→左、右转向信号灯→搭铁→蓄电池负极，左、右转向信号灯同时闪烁。

(2) 点火开关关闭，电流从蓄电池正极→危险警告灯/喇叭熔断丝→危险警告灯开关→转向信号闪光器→危险警告灯开关→左、右转向信号灯→搭铁→蓄电池负极，左、右转向信号灯同时闪烁。

科鲁兹 1.5L 轿车转向信号灯/危险警告灯电路如图 4-37 所示。

引导问题 4　转向信号灯有哪些常见故障？

转向信号灯常见故障有灯光不亮、灯光常亮不闪、闪光频率变化等。其中，灯光不亮包括所有转向信号灯不亮、一侧（左侧或右侧）转向信号灯不亮、个别转向信号灯不亮等。转向信号灯常见故障诊断见表 4-6。

项目四　照明与信号系统

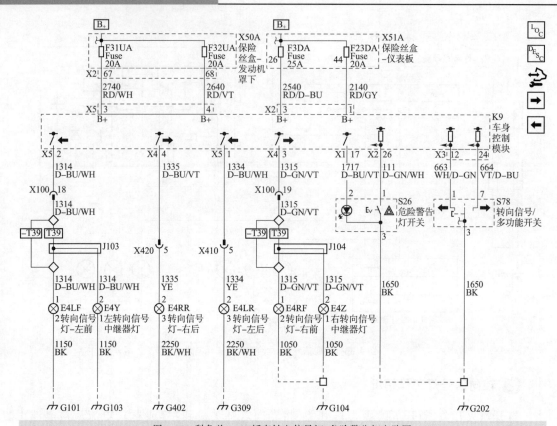

图4-37　科鲁兹1.5L轿车转向信号灯/危险警告灯电路图

转向信号灯常见故障诊断表　　　　　　　　　　　　　表4-6

故障现象	故障原因	故障处理方法
灯光不亮	熔断丝断开 传向信号闪光器损坏 开关损坏 线路断路 灯泡损坏	更换熔断丝 更换传向信号闪光器 检查开关 检查线路 更换灯泡
灯光常亮不闪	传向信号闪光器损坏 线路连接错误	更换传向信号闪光器 检查线路连接
灯光闪烁频率变化	灯泡功率不当 传向信号闪光器工作不良 电源电压过高或过低	检查灯泡型号 更换传向信号闪光器 检查电源

引导问题5　怎样维护信号装置？

1　信号灯的清洁

清洗信号灯(组合车灯)的玻璃表面灰尘,并用抹布擦干。

2 信号灯外观的检查

(1) 检查信号灯(组合车灯)玻璃是否破裂。如果玻璃破裂,则更换信号灯(组合车灯)。
(2) 检查信号灯(组合车灯)安装是否牢固。如果安装有松动,则予以紧固。

3 信号灯工作情况的检查

检查信号灯是否正常工作。如果不正常工作,则予以检修。

引导问题6 转向信号灯不亮的检测工艺流程是怎样的?

科鲁兹1.5L轿车右转向信号灯不亮,说明转向信号灯电路有故障,应按照规定的检测工艺流程进行故障分析,如图4-38所示。

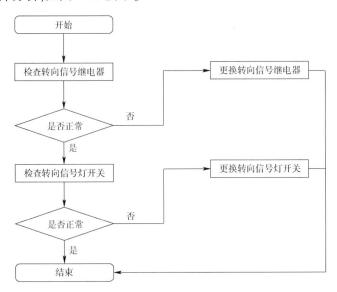

图4-38 转向信号灯不亮的检测工艺流程

二、实 施 作 业

引导问题7 检查转向信号灯作业需要哪些工具、设备和材料?

(1) 扳手、旋具、万用表、跨接线;
(2) 翼子板护裙、转向盘护套、变速杆护套、座椅护套和脚垫;
(3) 组合开关、转向信号继电器;
(4) 上汽通用雪佛兰科鲁兹轿车维修手册。

项目四 照明与信号系统

引导问题 8 通过查询资料,填写车辆以下信息。

生产年份_____,车牌号码_____,行驶里程_____km,车辆识别代码(VIN)_____。

引导问题 9 怎样规范地检查转向信号继电器?

(1)从驾驶人侧仪表板下熔断丝/继电器盒上拆下转向信号/危险警告继电器,如图 4-39 所示;

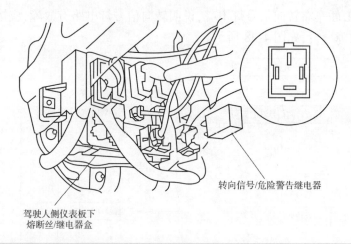

图 4-39 拆下转向信号/危险警告继电器

(2)将蓄电池正极接转向信号/危险警告继电器端子 2,负极接端子 1,用万用表电阻挡检查端子 2 与端子 3 应导通,否则,应更换转向信号/危险警告继电器;

(3)用万用表电阻挡检查熔断丝/继电器盒转向信号/危险警告继电器插座端 1(搭铁)与车身之间应导通,否则,应检查搭铁线是否断路;

(4)用跨接线连接熔断丝/继电器盒转向信号/危险警告继电器插座插孔 2 与插孔 3,打开点火开关,并将转向信号开关置于右转向位置,右转向信号灯应亮,否则,应检查转向开关至右转向信号灯之间线路是否断路;

(5)装上转向信号/危险警告继电器。

引导问题 10 怎样规范地检查转向信号灯开关?

(1)拆下驾驶人侧仪表板下盖和转向柱盖。
(2)拔下组合开关插头,拧下组合开关 2 个紧固螺钉,取下组合开关,如图 4-40 所示。
(3)检查组合开关中转向信号灯开关端子间的导通性,见表 4-7。如果不导通,则检查开关线束的导通性。如果开关线束导通,则更换组合开关。

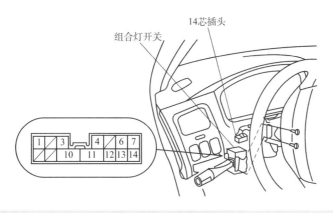

图 4-40　拆下组合开关

检查组合开关中转向信号灯开关端子间导通性　　　　表 4-7

开关位置	端子编号		
	12	13	14
左	○———	———○	
中间	○	○	○
右		○———	———○

（4）装上组合开关,插上组合开关插头。

（5）装上驾驶人侧仪表板下盖和转向柱盖。

引导问题 11　怎样更换前侧转向信号灯？

（1）拆下前轮罩衬板；

（2）断开电器连接器；

（3）更换前侧转向信号灯总成；

（4）按照维修手册紧固件紧固扭矩进行螺栓紧固,如图 4-41 所示。

引导问题 12　怎样更换前侧转向信号灯灯泡？

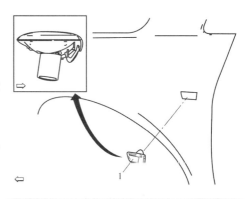

图 4-41　前侧转向信号灯拆装示意图
1-前侧转向信号灯

（1）逆时针旋转并从大灯总成上拆下灯座；

（2）断开电器连接器；

（3）拆下驻车灯/转向信号灯灯座；

（4）更换前侧转向信号灯灯泡；

（5）按照维修手册紧固件紧固扭矩进行螺栓紧固,如图 4-42 所示。

项目四 照明与信号系统

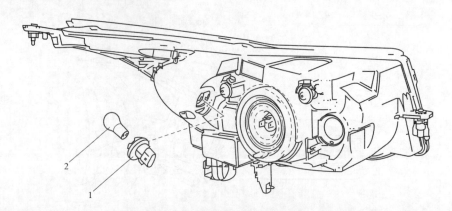

图 4-42 转向信号灯灯泡拆装示意图
1-转向信号灯灯座;2-转向信号灯灯泡

引导问题 13　其他信号灯如何检修？

1 危险警告灯开关的故障检测流程

危险警告闪光灯可以在任何电源模式中激活。危险警告灯开关永久性搭铁。当危险警告灯开关置于接通位置时，通过危险警告灯开关信号电路向车身控制模块(BCM)提供搭铁。车身控制模块以 ON(打开)和 OFF(关闭)占空比形式向所有转向信号灯提供蓄电池电压。激活危险警告灯开关时，车身控制模块向组合仪表发送一个串行数据信息，请求转向信号指示灯循环点亮和熄灭。

危险警告灯开关的故障检测流程如图 4-43 所示。

2 雾灯的故障检测方法

雾灯安装于车辆的前部和后部，用于在雨雾天气行车时照明道路，同时警示尾随车辆及迎面来车保持安全行驶距离。雾灯的控制相对来说比较简单，主要由点火开关、前照灯开关、雾灯开关控制。使用时,点火开关处于 ON 位置,打开车灯开关和雾灯开关,雾灯就可以工作了(打开前雾灯后,才能打开后雾灯)。

雾灯故障的检测：

(1)检查熔断丝是否正常,若不正常,更换熔断丝。

(2)若熔断丝正常,检查雾灯继电器。如果继电器有输出电压,检查开关是否有电流。若开关有电流,则检查更换后面的线路到雾灯灯泡;若开关无电流则更换开关。

(3)如果雾灯继电器没有输出电压,则检查继电器是否正常,不正常则更换雾灯继电器。

(4)如果雾灯继电器正常,则检查控制线路是否正常,若控制电路不正常,则更换前照灯开关。

(5)如果控制电路正常,则更换车身控制模块。

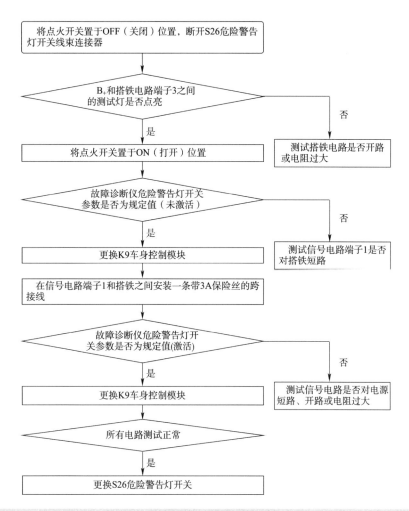

图 4-43 危险警告灯开关故障检测流程

3 倒车灯的故障检测方法

（1）如果两侧倒车灯均不亮，首先检查熔断器的熔丝是否断路。

（2）如果熔断器的熔丝良好，应挂入倒挡，检测灯座处导线上的电压是否正常。

（3）如果电压正常，应检测倒车灯泡是否损坏，搭铁线接触是否良好。如果电压为零，则应检测倒车灯开关处导线的电压是否正常。

（4）如果电压正常，使用跨接线将倒车灯开关短路，若倒车灯点亮，说明倒车灯开关损坏，应更换；若倒车灯仍不亮，说明连接线路有断路处，应修复。

4 制动灯的故障检测方法

（1）将点火开关置于OFF位置，断开制动灯上相应的线束连接器。

（2）测试制动灯线束连接器相应端子、相应的搭铁电路线束连接器端子和搭铁之间的电阻是否小于5Ω。如果大于规定值,则测试相应的搭铁电路是否开路或电阻过大。

（3）在左、右侧制动灯线束连接器相应端子、相应端子相应的控制电路线束连接器端子和搭铁之间连接一个测试灯。

（4）使用故障诊断仪,指令制动灯测试。在指令状态之间切换时,测试灯应点亮和熄灭。如果测试灯始终点亮,则测试相应的控制电路是否对电源短路;如果测试灯始终熄灭,测试相应的控制电路是否对搭铁短路、开路或电阻过大;如果电路测试正常,则更换车身控制模块。

5 拓展小知识

超车闪光灯:当前照灯近光点亮并且转向信号/多功能开关瞬时置于闪光超车位置时,向转向信号/多功能开关提供搭铁。转向信号/多功能开关通过闪光超车灯开关信号电路向车身控制模块提供搭铁。随后,车身控制模块向远光继电器控制电路提供搭铁。这使远光继电器通电,同时闭合远光继电器的开关侧触点,将蓄电池电压提供给左右远光灯熔断丝。从远光灯熔断丝通过远光电路向远光灯总成提供蓄电池电压。这导致远光灯瞬时点亮至全亮或直到释放闪光超车灯开关。

三、评价反馈

对本学习任务进行评价,评价内容见表4-8。

评 分 表　　　　　　　　表4-8

考核项目	评分标准	分数	学生自评	小组评价	教师评价	小计
活动参与	是否积极主动	5				
安全生产	有无安全隐患	10				
现场5S	是否做到	10				
任务方案	是否合理	15				
操作过程	转向信号继电器检查;转向信号灯开关检查	30				
任务完成情况	是否圆满完成	5				
工具和设备使用	是否规范、标准	10				
劳动纪律	是否违反	10				
工单填写	是否完整、规范	5				
	总分	100				
教师签名:				年　月　日	得分	

四、学习拓展

1. 填空题

(1) 转向灯是_____色的灯光；制动灯是_____色的灯光。

(2) 转向灯能够以一定的频率闪烁是因为_____装置。

2. 判断题

(1) 制动时,左右制动灯正常,但高位制动灯不亮,最可能是灯泡坏了。　　(　　)

(2) 检测转向信号灯故障的工艺流程是先开关后继电器。　　　　　　　　(　　)

项目五 汽车仪表与报警系统

学习任务一 汽车仪表、报警系统认知

学习目标

完成本学习任务后,你应当:
(1)了解仪表与报警装置的作用与类型;
(2)掌握仪表与报警装置的结构与工作原理;
(3)掌握仪表与报警装置的常见故障。

 建议完成本学习任务的时间为 **4** 课时。

 学习任务描述

一辆雪佛兰科鲁兹轿车,根据车主反映:在行驶过程中仪表板上经常出现报警及不认识的图标信号闪烁。希望你通过本章知识的学习能够解决这些故障。

一、资料收集

引导问题1 汽车仪表系统有哪些用途?

为使驾驶员随时了解汽车各主要系统的工作是否正常,及时发现和排除可能出现的问题,在汽车驾驶员易于观察的转向盘前方都安装有各种测量仪表。

引导问题2 汽车仪表系统有哪些部件构成?

一般汽车仪表都具备车速、里程、发动机转速、燃油量等基本信息的指示功能。图5-1所示为汽车仪表。

图5-1 汽车仪表

引导问题3 汽车仪表系统有哪些类型?

1 按工作原理不同可分为

1)传统式仪表

传统式仪表一般是指机械式仪表、电气式仪表和模拟电路电子式仪表。图5-2所示为某汽车仪表。

2)数字式仪表

数字式仪表是由ECU采集传感器的信号,将模拟量转换为数字量,经分析处理后控制显示装置的仪表。图5-3所示为本田轿车的数字式仪表。

图5-2 某汽车仪表

项目五　汽车仪表与报警系统

图 5-3　本田轿车数字式仪表

2 按安装方式不同可分为

1）组合仪表

组合仪表是指将各仪表组合安装在一起。组合仪表又分为可拆式和不可拆式仪表。可拆式的仪表、指示灯等组成部件如果损坏可以单独更换；而不可拆式的仪表、指示灯等组成部件如果损坏就要更换总成。

2）分装式仪表

分装式仪表指将各仪表单独安装，如图 5-4 所示。

图 5-4　分装式仪表

引导问题 4　汽车报警系统有哪些用途？

为了警示汽车、发动机或某一系统处于不良或特殊状态，引起汽车驾驶员的注意，保证汽车可靠工作和安全行驶，防止事故发生，汽车上安装了多种报警装置，如机油压力警告灯、冷却液温度警告灯、燃油不足警告灯、制动液不足警告灯等。这些信息通常以指示灯的形式显示在仪表板上或者以文字信息的形式显示在液晶显示器上，有的还伴有蜂鸣声，引起驾驶员的注意或重视。

引导问题 5　汽车报警系统有哪些组成？

汽车仪表上的指示灯系统一般由光源、刻有符号图案的透光塑料板和外电路组成。指示灯的光源以前大多采用 1~4W 的白炽灯泡,损坏后可以更换。现多采用 LED 光源,其优点是结构简单、使用寿命长、耗电少、易于识别等。仪表指示灯一般都使用国际标准化组织规定的通用符号,易于为全世界的人识别和理解,其常见符号及作用见表 5-1。

常见仪表故障指示灯　　　　　表 5-1

符　号	名　称	作　用
ABS	ABS 指示灯	该指示灯用来显示 ABS 工作状况。当打开点火开关,车辆自检时,ABS 灯会点亮数秒,随后熄灭。如果未闪亮或者发动机起动后仍不熄灭,表明 ABS 出现故障
EPC	EPC 指示灯	常见于大众品牌车型中。打开点火开关,车辆开始自检时,EPC 灯会点亮数秒,随后熄灭。如车辆起动后仍不熄灭,说明车辆机械与电子系统出现故障
O/D OFF	O/D 挡指示灯	该指示灯用来显示自动挡的 O/D 挡(Over-Drive)超速挡的工作状态,当 O/D 挡指示灯闪亮,说明 O/D 挡已锁止。此时加速能力获得提升,但会增加油耗
(安全带符号)	安全带指示灯	该指示灯用来显示安全带是否处于锁止状态,当该灯点亮时,说明安全带没有及时的扣紧。有些车型会有相应的提示音。当安全带被及时扣紧后,该指示灯自动熄灭
(蓄电池符号)	蓄电池指示灯	该指示灯用来显示蓄电池使用状态。打开点火开关,车辆控制系统开始自检时,该指示灯点亮。发动机起动后自动熄灭。如果发动机起动后蓄电池指示灯常亮,说明充电系统出现故障或该蓄电池出现了使用问题,需要修理或更换
(机油壶符号)	机油压力指示灯	该指示灯用来显示发动机内机油的压力状况。打开点火开关,车辆开始自检时,指示灯点亮,发动机起动后熄灭。该指示灯常亮,说明该车发动机机油压力低于规定标准,需要维修
(油泵符号)	油量指示灯	该指示灯用来显示车辆内储油量的多少,当点火开关打开,车辆进行自检时,该油亮指示灯会短时间点亮,随后熄灭。如发动机起动后该指示灯仍点亮,则说明车内油量已不足
(车门符号)	车门指示灯	该指示灯用来显示车辆各车门状况,任意车门未关上,或未关好,该指示灯都有点亮相应的车门指示灯,提示车主车门未关好,当车门关闭或关好时,相应车门指示灯熄灭

续上表

符 号	名 称	作 用
	安全气囊指示灯	该指示灯用来显示安全气囊的工作状态,当打开点火开关,车辆开始自检时,该指示灯自动点亮数秒后熄灭,如果常亮,则表示安全气囊出现故障
	制动盘指示灯	该指示灯是用来显示车辆制动盘磨损的状况。一般该指示灯为熄灭状态,当制动盘出现故障或磨损过度时,该指示灯点亮,修复后熄灭
	驻车制动指示灯	该指示灯用来显示车辆驻车制动的状态,平时为熄灭状态。当驻车制动操纵杆被拉起后,该指示灯自动点亮。驻车制动操纵杆被放下时,该指示灯自动熄灭。有的车型在行驶中未放下驻车制动操纵杆会伴随有警告音
	冷却液温度指示灯	该指示灯用来显示发动机内冷却液的温度,当点火开关打开,车辆自检时,会点亮数秒,后熄灭。冷却液温度指示灯常亮,说明冷却液温度超过规定值,需立刻暂停行驶。待冷却液温度正常后熄灭
	发动机指示灯	该指示灯用来显示车辆发动机的工作状况,当打开点火开关,车辆自检时,该指示灯点亮后自动熄灭,如常亮则说明车辆的发动机出现了机械故障,需要维修
	转向灯指示灯	该指示灯是用来显示车辆转向灯所在的位置。通常为熄灭状态。当驾驶人点亮转向灯时,该指示灯会同时点亮相应方向的转向指示灯,转向灯关闭后,该指示灯自动熄灭
	远光指示灯	该指示灯是用来显示车辆远光灯的状态。通常的情况下该指示灯为熄灭状态。当驾驶人开启远光灯时,该指示灯会同时点亮,以提示车主,车辆的远光灯处于开启状态
	玻璃清洗液指示灯	该指示灯是用来显示车辆所装玻璃清洗液的多少,平时为熄灭状态,该指示灯点亮时,说明车辆所装载玻璃清洗液已不足,需添加玻璃清洗液。添加玻璃清洗液后,该指示灯熄灭
	雾灯指示灯	该指示灯是用来显示前后雾灯的工作状况,当前后雾灯点亮时,该指示灯相应的标志就会点亮。关闭雾灯后,相应的指示灯熄灭

续上表

符 号	名 称	作 用
☀	示廓指示灯	该指示灯是用来显示车辆示廓灯的工作状态,平时为熄灭状态,当示廓灯打开时,该指示灯随即点亮。当示廓灯关闭或者关闭示宽灯打开大灯时,该指示灯自动熄灭
🚗	内循环指示灯	该指示灯是用来显示车辆空调系统的工作状态,平时为熄灭状态。当按下内循环按钮,车辆关闭外循环,空调系统进入内循环状态时,该指示灯自动点亮。内循环关闭时该指示灯熄灭
VSC	VSC指示灯	该指示灯是用来显示车辆VSC(电子车身稳定系统)的工作状态,多出现在日系车上。当该指示灯点亮时,说明VSC系统已被关闭

引导问题6 汽车报警系统有哪些类型?

汽车仪表上的报警指示灯比较多,一般来说,可分为以下3种类型。
1)状态指示灯
用于指示车辆处在什么工作状态(如转向指示灯),一般灯光颜色为蓝色或绿色。
2)故障指示灯
用于告诉驾驶人车辆某个系统的功能失常,要尽快进行处理,一般不影响行驶(如燃油不足、排放系统故障等),这类灯光一般为黄色。
3)警告灯
主要是在车辆出现故障或异常情况时进行警示,此类灯亮时应引起驾驶员高度重视(如驻车制动警告灯),一般采用红色。

二、实 施 作 业

引导问题7 查找汽车仪表显示作业需要哪些工具、设备和材料?

(1)翼子板护裙、转向盘护套、变速杆护套、座椅护套和脚垫;
(2)雪佛兰科鲁兹轿车及用户使用手册。

引导问题8 作业前的准备工作有哪些?

(1)汽车进入工位前,将工位清理干净,准备好相关器材;

(2)将汽车停放在工位上；
(3)拉紧汽车驻车制动器操纵杆；
(4)套上转向盘护套、变速杆护套、座椅护套、铺设脚垫。

引导问题9 通过查询资料，填写车辆以下信息。

生产年份_____，车辆号牌_____，行驶里程_____km，车辆识别码(VIN码)_____。

引导问题10 不同的汽车车型仪表显示是否一样？

总结：不同的车型仪表的类型及分布是不一样的，图5-5a)是数字式仪表，图5-5b)是机械式仪表。但不同的仪表其显示的主要参数都是一样，如发动机转速、冷却液温度、行驶里程、车速、燃油储量、发动机温度等。

a)数字式仪表　　　　　　　　　　　b)机械式仪表

图5-5　汽车仪表

三、评价反馈

对本学习任务进行评价，见表5-2。

评 分 表　　　　　　　　　表5-2

考核项目	评分标准	分数	学生自评	小组评价	教师评价	小计
活动参与	是否积极主动	5				
安全生产	有无安全隐患	10				
现场5S	是否做到	10				
任务方案	是否合理	15				
操作过程	汽车仪表安装部位；汽车仪表的分类；汽车仪表的组成	30				
任务完成情况	是否圆满完成	5				
工具和设备使用	是否规范、标准	10				

续上表

考核项目	评分标准	分数	学生自评	小组评价	教师评价	小计
劳动纪律	是否违反	10				
工单填写	是否完整、规范	5				
	总分	100				
教师签字：			年 月 日		得分	

四、学习拓展

1. 填空题

(1) 汽车常用的仪表有_____、_____、_____、_____等。

(2) 车速里程表用来指示汽车_____和_____的仪表。

2. 简答题

(1) 现代汽车上机械式仪表已经被数字式仪表所代替，这些数字式仪表有哪些优点及缺点？

(2) 查阅资料，说出迈锐宝、本田思域、本田雅阁轿车仪表的类型。

项目五 汽车仪表与报警系统

学习任务二

汽车仪表系统的检测

学习目标

完成本学习任务后,你应当:
(1) 了解仪表系统的作用及组成;
(2) 掌握仪表系统的结构与工作原理;
(3) 掌握仪表系统的常见故障及诊断方法。

 建议完成本学习任务的时间为 **6 课时**。

 学习任务描述

一辆科鲁兹轿车,车主反映燃油表显示不准。需要你对燃油表电路进行检测,确定故障部位并进行修理。

一、资 料 收 集

引导问题 1 ▶ 汽车传统仪表由哪些组成?

1 机油压力表

1) 机油压力表的作用

机油压力表可以显示发动机主油道的机油压力大小,使驾驶人了解润滑系统的工作情况,防止因缺机油而造成拉缸、烧轴承等故障的发生。

2) 机油压力表的组成

由机油压力传感器和机油压力指示表两部分组成。

3)机油压力表的种类

机油压力表可分为电热式、电磁式和弹簧式 3 种;机油压力传感器可分为双金属片式和可变电阻式两种。常用的是电热式机油压力表配双金属片式机油压力传感器和电磁式机油压力表配可变电阻式机油压力传感器。

(1)电热式机油压力表及双金属片式机油压力传感器:

①结构。电热式机油压力表又称为双金属片式机油压力表,电热式机油压力表与双金属片式传感器的基本结构如图 5-6 所示。

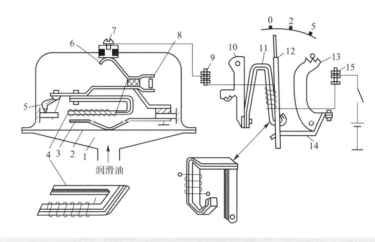

图 5-6 电热式双金属片式机油压力表
1-油腔;2-膜片;3-弹簧片;4、11-双金属片;5-调节齿轮;6-接触片;7-传感器接线柱;8-校正电阻;9-机油压力表接线柱;10、13-调节齿扇;12-指针;14-弹簧片;15-机油压力表电源接线柱

②原理。当点火开关置于"ON"时,电流流过双金属片 4 的加热线圈,双金属片 4 受热变形,使触点分开;随后加热线圈断电,使双金属片 4 又冷却伸直,触点又闭合。如此反复,电路中形成脉冲电流。当机油压力降低时,传感器膜片 2 变形小,触点压力小,闭合时间短,打开时间长,变化频率低,电路中平均电流小,双金属片 11 弯曲变形小,指针 12 偏摆角度小,指向低油压。反之,当油压升高时,指针偏摆角度大,指向高油压。

③使用。在安装传感器时,必须使传感器外壳上的箭头(安装记号)向上,不应偏出垂直位置 30°。发动机低速运转时,机油压力不应小于 0.15MPa;发动机高速运转时,机油压力不应超过 0.5MPa。正常机油压力应为 0.2～0.4MPa。

(2)电磁式机油压力表与可变电阻式机油压力传感器:

①结构。电磁式机油压力表与可变电阻式机油压力传感器的基本结构如图 5-7 所示。

②原理。如图 5-7 所示,当油压降低时,可变电阻式机油压力传感器 5 的电阻值增大,线圈 L1 中的电流减小,线圈 L2 中的电流增大,铁磁转子 2 带动指针 3 随合成磁场的方向逆时针转动,指向低油压。当油压升高时,传感器 5 的电阻值减小,线圈 L1 中的电流增大,线圈 L2 中的电流减小,转子 2 带动指针 3 随着合成磁场的方向顺时针转动,指向高油压。

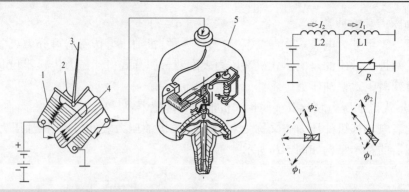

图5-7 电磁式机油压力传感器的结构及电路原理图
1-L1 线圈;2-铁磁转子;3-指针;4-L2 线圈;5-可变电阻式机油压力传感器

2 冷却液温度表

冷却液温度表用来指示发动机冷却液的工作温度。它安装在汽缸盖上的温度传感器和装在仪表板上的冷却液温度表组成。冷却液温度表主要有双金属片式和电磁式两种形式。

1）双金属片式

(1) 结构。双金属片式冷却液温度表的基本结构如图5-8所示。

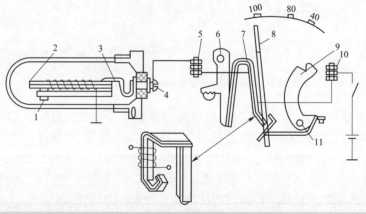

图5-8 双金属片式冷却液温度表的基本结构
1-固定触点;2、7-双金属片;3-接触点;4、5、10-接线柱;6、9-调节齿扇;8-指针;11-弹簧片

(2) 原理。当冷却液温度低时,双金属片2产生变形的热量仅来自加热线圈,故需较长时间双金属片的变形才可以将接触点3断开,由于周围的冷却液温度不高,双金属片经很短时间的散热,接触点3又闭合。因此在冷却液温度低时,接触点3闭合时间长,断开时间短,回路中的平均电流大,双金属片7的变形大,指针8偏转大,指示冷却液温度低。当冷却液温度高时,双金属片2温度上升快,很快变形将接触点3断开,由于周围冷却液温度高,故散热慢,接触点3断开很久才闭合,回路中平均电流小,双金属片7的变形小,指针8偏转小,指示冷却液温度高。

2）电磁式

(1) 结构。电磁式冷却液温度表的基本结构如图5-9所示。

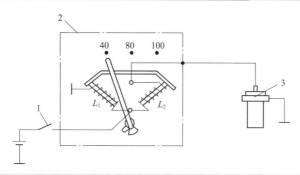

图5-9 电磁式冷却液温度表的基本结构
1-点火开关；2-冷却液温度表；3-冷却液温度传感

（2）原理。如图5-10所示，点火开关接通后，电流经蓄电池+→点火开关→L_2线圈→串联电阻→搭铁。另一路流经L_1线圈后搭铁。当冷却液温度较低时，传感器内热敏电阻的阻值较大，流经线圈L_1和L_2的电流相差不多，但L_1匝数多，产生的磁场强，使指针向左偏转，指针指示冷却液温度低。当冷却液温度升高时，热敏电阻的阻值减小，线圈L_2中的电流明显增大，电磁力也增大，使指针向右偏转，指示冷却液温度高。

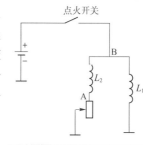

图5-10 电磁式冷却液温度表的等效电路图

3 燃油表

燃油表用来指示油箱中存油量的多少。它由传感器和指示表组成。其传感器均为可变电阻式，指示表有电磁式和双金属片式两种。

1）电磁式

电磁式燃油表的基本结构如图5-11所示。

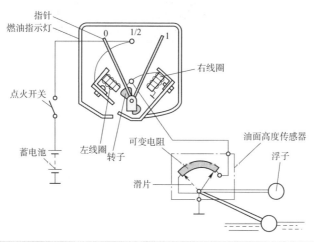

图5-11 电磁式燃油表的基本结构

如图5-11所示，当油箱油量为0时，浮子下降到最低位置，可变电阻被短路，此时指示表中的右线圈也随之被短路，无电流通过。而左线圈承受电源的全部电压，通过的电流达到最大值,产生的电磁吸力最强,吸引转子,使指针指在"0"位上。

当油箱中的油量增加时,浮子上升,可变电阻部分被接入,并与右线圈并联,同时又与左线圈串联,使左线圈电磁吸力减弱,而右线圈中有电流通过,产生磁场,使转子在两磁场的作用下,向右偏转。

当油箱盛满油时,浮子带动滑片移动到可变电阻的最左端,使电阻全部接入。此时左线圈中的电流最小,右线圈中的电流最大,转子带着指针向右偏转角度最大,指在"1"的刻度,表示油箱盛满油。传感器的可变电阻末端搭铁,可以避免滑片与可变电阻之间因接触不良而产生火花,以免引起火灾。

2)双金属片式

(1)结构。双金属片式燃油表的基本结构如图5-12所示。由于电源电压变化时,会影响燃油表指示值,故该类型燃油表电路需串联个稳压器。

(2)原理。当油箱中油量为0时,浮子下降到最低位置,滑片6处于可变电阻5的最右端,可变电阻全部串入电路中,此时电路中电流最小,燃油表加热线圈2发热量小,双金属片3变形小,带动指针4指在"0"位。

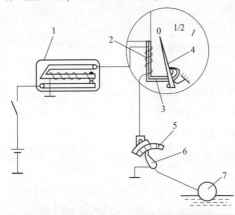

图5-12 双金属片式燃油表的基本结构
1-稳压电源;2-加热线圈;3-双金属片;4-指针;5-可变电阻;6-滑片;7-浮子

当油箱内油量增加时,浮子上升,滑片向左移动,串入电路中的电阻减小,电路中的电流增大,燃油表加热线圈2发热量大,双金属片3变形增大,带动指针4向右偏转。当油箱充满油时,滑片移至最左端,将可变电租短路,此时电路中电流最大,指针偏到最右边,指在"1"处。

4 车速里程表

车速里程表是用来指示汽车行车速度和累计汽车行驶里程数的仪表。它由车速表和里程表两部分组成,如图5-13所示。

1)磁感应式车速里程表

磁感应式车速里程表的结构如图5-14所示,它的主动轴由变速器传动蜗杆经软轴驱动。车速表由与主动轴紧固在一起的永久磁铁,带有轴与指针的铝罩,磁屏和紧固在车速里程表外壳上的刻度盘等组成。不工作时,铝罩在游丝的作用下,使指针位于刻度盘零的位置。当汽车行驶时,主动轴带着永久磁铁旋转,磁感线在铝罩上引起涡流,涡流产生的磁场与旋转的永久磁铁磁场相互作用产生转矩,克服游丝的弹力,使铝罩朝永久磁铁转动方向转过一个角度,与游丝的弹力相平衡,指针便在刻度盘上指示相应的车速。车速越

图5-13 科鲁兹车速里程表

高,永久磁铁旋转越快,铝罩上的涡流越强,因而转矩越大,指针指示的车速也越高。

里程表则由蜗轮蜗杆机构减速和用数字轮显示。蜗杆蜗轮具有一定的传动比,汽车行驶时,软轴带动主动轴,并经3对蜗轮蜗杆驱动里程表右边第一数字轮。第一数字轮上所刻数字为1/10km,两个相邻的数字轮之间,又通过本身的内齿和进位数字轮传动齿轮,形成1/10的传动比,即当第一数字轮传动一周,数字由9翻转到0时,使相邻的左面第二数字轮转动1/10周,成十进位递增。这样汽车行驶时,就可累计出其行驶里程数。

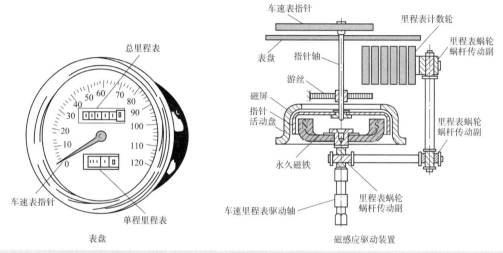

图 5-14 磁感应式车速里程表

2) 电传动动圈式车速里程表

电传动动圈式车速里程表如图5-15所示,由二极管桥式整流器、降压电阻、带动圈的指针以及永久磁铁等构成。

变速器上的传感器就像一台小发电机。汽车行驶时,变速器带动磁铁转动,磁力线切割线圈产生交流电,经M接线柱输出,并通过连线至仪表的M接线柱接入仪表,经二极管整流器整流,输出直流电,该直流电流经电阻线圈和电阻,通过游丝到动圈产生磁场。这样,动圈磁场和永久磁场相互作用产生力矩,推动指针顺时针转动。速度越快,产生的力矩越大,指针偏角越大。计数器由电磁铁不断吸合、断开,推动启动叉,启动叉不断拨动6个计数轮组成的里程表,而电磁铁的电源接通和断开由感应器中的断电器控制。

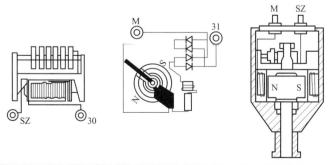

图 5-15 电传动动圈式车速里程表原理图

项目五 汽车仪表与报警系统

5 发动机转速表

为了检查调整和监视发动机的工作状况,更好地掌握换挡时机和利用经济车速行驶等,在汽车仪表盘上装有发动机转速表。

(1) 发动机转速表的分类:机械式转速表和电子式转速表两种;

(2) 机械式转速表的结构原理与上述磁感应式车速表基本相同;

(3) 电子式转速表获取转速信号的方式有取自点火系、发动机的转速传感器和发电机3种。

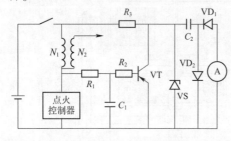

图 5-16 电子式转速表原理图

电子式转速表的原理如图 5-16 所示。转速信号取自点火系初级电路。发动机工作时,点火控制器大功率控制三极管不断导通与截止,其变化次数与发动机转数成正比。

当其导通时,晶体管 VT 无偏压而截止,电容器 C_2 被电源充电:蓄电池正极 + 电阻 R_3 → 电容器 C_2 → 二极管 VD_2 → 蓄电池负极。

当其截止时,晶体管 VT 导通,电容 C_2 通过导通的 VT → 转速表测量机构(实际上为毫安表)→ 二极管 VD_1 放电,从而驱动转速测量机构。

当控制晶体管不断导通与截止时,C_2 不断充放电,其放电电流的平均值与发动机转速成正比,通过转速表指针指示发动机转速。

引导问题2 ▶ 汽车数字仪表电子显示器有哪些种类?

电子显示器件可分为发光型和非发光型两大类。

发光型的显示器件有发光二极管(LED)、真空荧光管(VFD)、阴极射线管(CRT)等离子显示器件(PDP)和电子发光显示器件(ELD)等。

非发光型的显示器件有液晶显示器(LCD)和电子变色显示器件等。

1) 发光二极管

发光二极管是一种把电能转换成光能的固态发光器件,实际上也是一种晶体管,它是应用最广泛的低压显示器件,其结构如图 5-17 和图 5-18 所示。

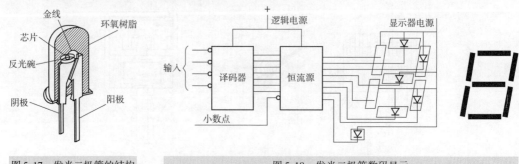

图 5-17 发光二极管的结构　　　　图 5-18 发光二极管数码显示

2) 真空荧光管

真空荧光管的结构及显示屏如图 5-19 所示。真空荧光管实际上是一种真空低压管,它由钨丝、栅极、涂有磷光物质玻璃组成。其发光原理与电视机中显像管相似。当屏幕接电源正极,灯丝接电源负极时,便获得正向电压,电流通过灯丝并加热,在电场力的作用下发射电子,由栅极控制电子流加速,射向屏幕,当电子高速碰撞数字板荧光材料时,数字板发光,通过前面平板玻璃的滤色镜显示出数字。真空荧光管(VFD)为发光型显示器件,具有色彩鲜艳、可见度高、立体感强等优点。但由于真空管需要一定厚度玻璃外壳制成,所以复杂的图形用 VFD 制作成本较高、体积大,汽车上它常用作数字显示器。

图 5-19 真空荧光管的结构及显示屏

3) 液晶显示屏

液晶显示器的结构如图 5-20 所示。液晶显示的优点是对比度受光源光线强度影响较小;工作电压在 3V 左右、功耗小;是单独的组装件,易于安装、维护;电板图形设计的自由度极高,工艺简单,成本低。

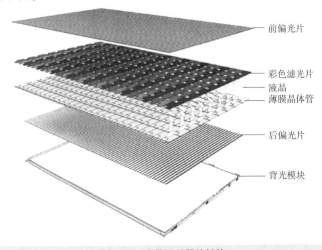

图 5-20 液晶显示器的结构

4) 显示器显示方法

利用电子显示技术,也就是用由薄型平面电子显示器技术做成的汽车平面仪表来显示数字及信息,十分清晰明了,它代替以往采用的模拟显示的车速和发动机转速表等,使驾驶人在开车的同时,仍然可以清楚地看到仪表数字及其他信息的变化。它具有测试反应速度快、指示准确、图形设计灵活、数字清晰、可视性能好、集成化程度高、可靠性强、功耗低等优点,由于没有运动部件,反应快,可靠性高,其布置灵活紧凑,并有最佳显示形式。汽车电子仪表不仅耐用、耐振、指示准确、读数方便、受温度、湿度的影响小,还轻巧、舒适、并美观,具有良好的互换性。

项目五　汽车仪表与报警系统

显示和内部照明器件不再用白炽灯泡,而是选用高效冷光源发光器件,导光系统更多体现出光学领域的新技术。CCD摄像后视系统,改用电子摄像显示后视系统,驾驶人的视野范围将更宽。自动导航和定位系统将是汽车仪表上不可缺少的部分,包括全球卫星定位系统和电子地图等。具备完善的通信系统,以便汽车上的计算机系统与公共互联网相连,充分共享信息资源,处理通信作业成为汽车仪表计算机系统工作内容的一部分。此外汽车仪表的计算机系统具备对娱乐空调等设备进行监管的功能,可以自动控制这些设备或支持驾驶人远程操纵。

电子仪表采用电子显示器件和高压驱动器集成电路,既提高了测试精度,又可将数字信息输入汽车微机内,实现了车速与里程等参数的数据分析和计算,使汽车具有更多的自控功能。转速表、电压表、燃油表、油压表和冷却液温度表则采用线性集成电路,方便配接各类电子传感器件。汽车电子仪表是一个集感觉、识别、分析、信息库存、适应和控制六大功能于一体,提供车辆行驶信息、保障安全驾驶的智能化系统。

汽车电子仪表面板使用汽车微机采集、处理不同传感器信号,不仅可把各种传感器检测到的信息,如车速、发动机转速等原封不动地显示出来,而且还能把经微机处理、计算、分析后的信息,如燃油消耗和行车里程等综合信息显示出来。另外,带有诊断程序的汽车微机还能在汽车行驶过程中,根据发动机、传动系统及行驶系统等各部件的运行情况,及时显示出故障诊断的警告信息,驾驶人想检查时也能随时调出多重显示,或使用按钮开关有选择地显示。

引导问题3　汽车数字仪表有什么优点?

随着电气设备的不断增加,汽车电气系统变得越来越复杂。汽车电子仪表因具有如下优点将逐步取代常规的指针式仪表。

(1)汽车电子仪表能提供大量、复杂的信息,适应汽车排气净化、节能、安全性和舒适性的要求;

(2)能满足小型、轻量化的要求,使有限的驾驶室空间尽可能地宽敞些;

(3)显示图形设计的自由度高、造型美观实用;

(4)具有高精度和高可靠性,免除机电式仪表中的那些可动部分;

(5)具有一表多用的功能,用一组显示器进行分时显示,并可同时显示几个信息,使组合仪表得以简化。

二、实　施　作　业

引导问题4　检查仪表系统作业需要哪些工具、设备和材料?

(1)翼子板护裙、转向盘护套、变速杆护套、座椅护套和脚垫;

(2)雪佛兰科鲁兹轿车及车辆维修手册。

引导问题 5 作业前的准备工作有哪些？

(1)汽车进入工位前,将工位清理干净,准备好相关器材;
(2)将汽车停放在工位上;
(3)拉紧驻车制动器操纵杆;
(4)套上转向盘护套、变速杆护套、座椅护套、铺好脚垫。

引导问题 6 通过查询资料,填写车辆以下信息。

生产年份_____,车辆号牌_____,行驶里程_____,车辆识别码(VIN 码)_____。

引导问题 7 怎样检查仪表系统？

现代汽车电子仪表显示系统的故障,一般都出在传感器、连接器、个别仪表、显示器及导线上。检修时应先将传感器电路断开或拆下,用检测设备对其进行逐个检查。

1 传感器的检测

首先将传感器的电路断开或拆下传感器,用仪器进行逐个检查。对各种电阻式传感器的检查,通常是采用测量其电阻值的方法来判断它的好坏,即把所测得的电阻值与其规定的标准电阻值相比较,判断传感器有无故障,若所测的电阻值小于或大于规定的数值,表明传感器内部短路或接触不良。冷却液温度传感器的测量如图 5-21 所示。传感器一般是不可拆、不可维修的元件,若有故障只能更换新件。

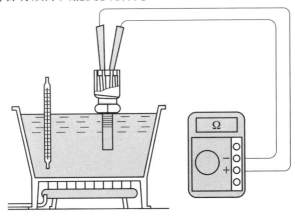

图 5-21　冷却液温度传感器测量

2 连接器的检查

采用电子仪表的汽车，往往需要很多连接器把电线束连接到仪表板上去。这些连接器一般都采用不同的颜色，以便辨认它属于哪一部分的连接。为保证其连接牢固、可靠，连接器上都设有闭锁装置。检查时可用眼看或手摸的方法进行，连接器装置要齐全、完好，插头、插座应接触可靠、无锈蚀。在仪表工作中用手触摸连接器，应没有明显发热的感觉。若感觉温度过高，说明该连接器接触不良，应查明原因予以排除。

3 个别仪表故障诊断

若电子仪表板上个别仪表发生故障，应检查与此仪表相关的各个部分。首先应检查各导线的连接情况，包括各连接器的接触状况，线路是否破损、搭铁、短路或断路等然后再用检测设备分别对该仪表及传感器进行检测，查明故障原因，予以修复，必要时更换新的元件。

4 显示器故障检修

图 5-22　内部电路板

一旦电子仪表板上的显示器部分缺笔画、线路出现故障，应将仪表板调整到静态显示状态，仔细观察是否还有别的故障，就此时出现的故障，使用检测设备对与此相关的电路或装置进行认真检查。若仅有一、二笔画或线段不发亮或不显示，则说明逻辑电路板通过多路传输的脉冲信号正确，可能是显示装置的部分导线工作不正常。遇此情况应做进一步检查，属于接触不良的应加以紧固，确保其电路畅通。若是电子器件本身的问题，通常应更换显示器件或电路板。图 5-22 所示为仪表内部电路板。

三、评价反馈

对本学习任务进行评价，评价项目见表5-3。

评 分 表　　　　　　表5-3

考核项目	评分标准	分数	学生自评	小组评价	教师评价	小计
活动参与	是否积极主动	5				
安全生产	有无安全隐患	10				
现场5S	是否做到	10				
任务方案	是否合理	15				
操作过程	汽车仪表系统的线路检查及资料的查询	30				
任务完成情况	是否圆满完成	5				

续上表

考核项目	评分标准	分数	学生自评	小组评价	教师评价	小计
工具和设备使用	是否规范、标准	10				
劳动纪律	是否违反	10				
工单填写	是否完整、规范	5				
	总分	100				
教师签字:			年 月 日		得分	

四、学习拓展

1. 填空题

(1) 用来显示发动机内机油的压力状况的是_____。

(2) 发动机冷却液温度指示灯常亮,说明_____。

2. 简答题

(1) 怎样测试仪表系统的性能?

(2) 查阅资料,说明别克威朗轿车、科鲁兹轿车仪表控制系统的控制电路。

项目五 汽车仪表与报警系统

学习任务三

汽车报警系统的检测

学习目标

完成本学习任务后,你应当:
(1) 了解报警系统的作用及组成;
(2) 掌握报警系统的结构与工作原理;
(3) 掌握报警系统的常见故障及诊断方法。

 建议完成本学习任务的时间为 **8** 课时。

 学习任务描述

一辆雪佛兰科鲁兹轿车,车主反映:在发动机正常工作温度和转速时,机油压力警告灯点亮。需要你对润滑系统进行检测,确定故障部位并修理。

一、资料收集

引导问题 1 报警系统的作用是什么?

为了确保行车安全,现代汽车都安装有报警装置,报警装置通常由报警指示灯和报警开关组成,当被监测的系统工作不正常时,开关自动接通,指示灯自动点亮,提醒驾驶员注意。

引导问题 2 报警指示灯安装在什么位置?

报警指示灯一般安装在驾驶室内仪表盘上,在灯泡前有滤光片,使灯泡发出黄光或红光,滤光片上一般标有符号,以显示出报警项目。报警指示灯一般与报警开关串联后接在电路中。

引导问题3 ▶ 报警系统由哪些部件组成?

1 机油压力报警灯

在汽车上,除了装有机油压力表外,还装有机油压力报警灯。每当润滑系统机油压力低于标准值时,机油压力报警灯亮,以引起驾驶员注意。而且机油压力报警灯越来越普及,在许多车型上,已将机油压力表取消,只用机油压力报警灯监测润滑系统的工作情况。目前汽车上使用的机油压力警告灯有弹簧管式和膜片式两种。

1)弹簧管式机油压力报警灯

机油压力报警灯电路是由安装在发动机主润滑油道的弹簧管式机油压力报警开关和安装在仪表板上的红色报警灯组成。如图5-23所示,其报警开关内有一管形弹簧,管形弹簧的一端与主润滑油道相通,另一端有一对触点,固定(静)触点经连接片与接线柱相接,活动(动)触点经外壳搭铁。发动机正常工作,当机油压力低于标准值时,管形弹簧向内弯曲,触点闭合,机油压力报警灯亮,以示警告;当机油压力正常时,管形弹簧产生的弹性变形增大,使触点分开,机油压力报警灯熄灭,以示机油压力正常。

2)薄膜式机油压力报警灯

薄膜式机油压力过低报警灯的结构如图5-24所示。当机油压力正常时,机油压力推动薄膜向上拱曲,推杆将触点打开,报警灯不亮;当机油压力过低时,薄膜在弹簧压力作用下向下移动,从而触点闭合,红色报警灯亮,以示警告。

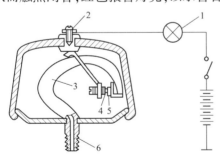

图5-23 弹簧管式机油压力报警灯
1-报警灯;2-接线柱;3-管形弹簧;4-静触点;5-动触点

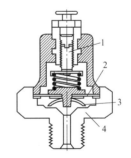

图5-24 薄膜式机油压力报警开关
1-弹簧;2-膜片;3-弹片触点;4-壳体

现代轿车的机油压力报警系统比以上更完善,它由低压开关、高压开关、控制模块及机油压力报警灯组成。低压润滑油压力开关为常闭型,其额定压力值为0.03MPa。当油压低于此值时,开关闭合;反之则打开。高压润滑油压力开关为常开型,其额定压力值为0.18MPa,当油压高于此值时,开关闭合;反之则打开。

控制模块利用润滑油压力开关信号和转速信号进行控制。当发生故障时,油压报警灯亮,同时蜂鸣器发出报警声。当发动机低速运转时,若油压小于0.03MPa,报警灯亮;当发动机转速超过2050r/min时,如果油压小于0.18MPa,报警灯亮3s后,蜂鸣器报警;转速下降到2050r/min以下时,蜂鸣器也保持报警,直到油压达到0.18MPa以上或关掉点火开关为止。

2 燃油不足报警灯

在汽车上除了装有燃油表外,还装有燃油不足报警灯,每当燃油少于规定值时,红色报警灯亮,以提醒驾驶员注意加油,尤其是油箱中有电子汽油泵的车辆,若燃油过少,汽油泵得不到冷却,易损坏。

1)热敏电阻式燃油油量警告灯

热敏电阻式燃油不足报警开关控制电路如图5-25所示。其报警开关为热敏电阻式,装在油箱内。当油箱内燃油量充足时,负温度系数的热敏电阻浸在燃油中,散热快,温度低,电阻值大,因此报警控制电路中几乎没有电流,燃油不足报警灯暗;当燃油减少到规定值以下时,热敏电阻元件露出油面,此时,热敏电阻温度升高,电阻值减小,电路中电流增大,燃油不足报警灯亮,提醒驾驶员注意加油。

2)晶闸管式燃油油量警告灯

晶闸管式燃油油量警告灯与汽车上已有的燃油表和传感器一起工作,它适用于双金属片式燃油表,如图5-26所示。当仪表电源稳压器每输送一个电压脉冲给指示表,在可变电阻式传感器上,便会出现与液位成比例的脉冲电压。当燃油液位下降时,串入指示表电路中的可变电阻值增大,脉冲电压振幅增大,当脉冲电压振幅达到一定值时,触发晶闸管导通,接通警告灯电路,使警告灯点亮。当脉冲电压消失时,晶闸管截止,警告灯熄灭。通过警告灯闪烁用于提示驾驶员及时加油。只有燃油箱内加入了一定量的燃油后,警告灯才熄灭。电阻R_1用来调整晶闸管的导通时机,使它与燃油表的读数相一致。

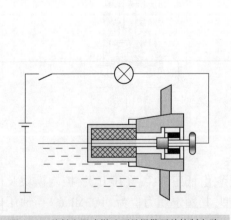

图5-25 热敏电阻式燃油不足报警开关控制电路

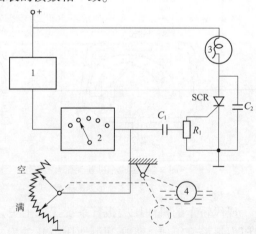

图5-26 晶闸管式燃油油量警告灯
1-电源稳压器;2-双金属片式燃油表;3-警告灯;4-浮子

3)电子式燃油油量警告灯

电子式燃油油量警告灯只适用与电磁式燃油表一起工作,其电路如图5-27所示。晶

体管 VT_1、VT_2 控制可变电阻上的直流电压,该直流电压与燃油箱内的燃油液位成正比。当燃油箱全满时,浮子浮起,带动滑片位于可变电阻下端,使串联在指示表电路中的电阻值增大,电阻 R_1 上的电压升高,晶体管 VT_1 的基极电位升高而导通,晶体管 VT_2、VT_3 截止,警告灯不亮。当燃油箱内的燃油液位下降到规定值时,浮子下沉,带动滑片位于可变电阻上端,使串联在指示表电路中的电阻值减小,电阻 R_1 上的电压降低,晶体管 VT_1 的基极电位降低而截止,晶体管 VT_2、VT_3 导通,接通警告灯电路使警告灯点亮,以示警告。

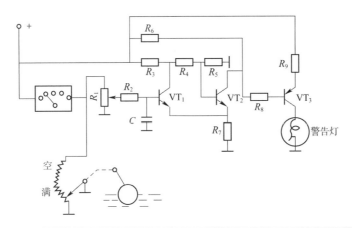

图 5-27　电子式燃油油量警告灯

3 冷却液温度报警灯

冷却液温度报警灯用来表示冷却系统冷却液温度的情况,当冷却液温度不正常时,发出灯光信号,以示警告。冷却液温度报警灯控制电路如图 5-28 所示,其报警开关为双金属片式温度开关。当冷却液温度在正常范围时,双金属片几乎不变形,触点分开,报警灯不亮;当冷却液温度达到报警标准值时,双金属片由于温度升高而弯曲变形,使触点闭合,报警灯亮,以示警告。

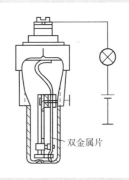

图 5-28　冷却液温度报警灯

4 制动液不足报警灯

制动液不足报警灯的作用是当制动液液面过低时,发出报警信号,以提醒驾驶员注意。制动液不足报警装置是由制动液不足报警开关和制动液不足报警灯组成。制动液不足报警开关安装在制动总泵储液罐内,此类报警开关适用于冷却液、风窗玻璃清洗液等液面过低报警灯的控制电路,区别仅在于制动液不足报警开关安装位置不同。

制动液不足报警灯控制电路如图 5-29 所示。当制动液充足时,浮子 6 的位置较高,此时永久磁铁 4 高于舌簧开关 3 的位置,舌簧开关处于断开状态,制动液不足报警灯 7 不亮;当浮子随着制动液液面下降到规定值时,永久磁铁 4 便接近舌簧开关 3,使舌簧开关触点闭合,制动液不足报警灯电路导通,制动液不足报警灯亮。

5 制动灯断线报警灯

由于制动灯对于行车安全极为重要,而驾驶员在开车过程中,又很难发现制动灯有故障,这样在一些车辆中,设置了制动灯电路故障报警灯。其控制电路如图 5-30 所示。

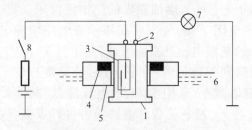

图 5-29 制动液不足报警灯控制电路
1-舌簧开关外壳;2-接线柱;3-舌簧开关;4-永久磁铁;
5-浮子;6-制动液面;7-制动液不足报警灯;8-点火开关

在正常情况下,踩下制动踏板,制动灯开关接通,电流经左、右两电磁线圈到制动信号灯。此时两线圈所产生的磁场相互抵消,舌簧开关的触点继续处于常开状态,制动灯线路故障报警灯不亮;当左、右两个制动信号灯有一个灯泡坏了,或者线路有断路的情况,则有故障一侧的电磁线圈将不产生磁场,而另一侧的电磁线圈产生磁场,舌簧开关中的触点将闭合,制动灯线路故障报警灯亮,提醒驾驶员制动灯线路有故障,需要维修。

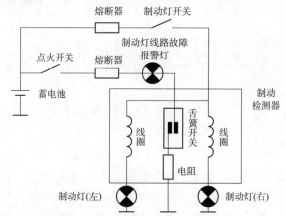

图 5-30 制动灯线路故障报警灯控制电路

6 轮胎气压报警灯

轮胎气压报警系统用来在车辆行驶中,检测轮胎的气压状态,当轮胎气压降低时,仪表板的轮胎气压报警信号灯点亮,向驾驶员发出警告。图 5-31 所示为轮胎气压报警系统组成。

轮胎气压报警系统利用轮胎气压与轮胎弹性的相关性,从制动防抱死系统的车轮转速传感器输出的轮胎信号来计算出轮胎弹性,从而实现轮胎气压的正常监测。再从轮胎弹性变化计算出共振频率的变化,以此作为轮胎气压变化,向驾驶员发出低压警告。

把车轮转速传感器输出的信号,输给中央处理器进行波形整形处理,用以计算轮胎的共振频率。再从该共振频率推算出轮胎扭转常数即可检测出轮胎气压。

7 空气滤清器堵塞报警灯

空气滤清器堵塞报警装置如图 5-32 所示,进气管的进气畅通与否,直接影响充气效率。空气滤清器堵塞报警灯用来表示进气管进气情况,当进气管堵塞时,报警灯点亮,以示警告。

空气滤清器滤芯内外侧相连通的气压式开关传感器和警告灯两部分组成。气压式开关传感器是利用其上、下气室产生的压力差,推动膜片移动,从而使与膜片相连的磁铁跟随移动。磁铁的磁力使舌簧开关开或闭,控制警告灯接通或断开。若空气滤清器滤芯未堵塞,则传感器上、下气室间压差小,膜片及磁铁的移动量小,舌簧开关处于常开状态;若空气滤清器滤芯被堵塞,则传感器上、下气室间压差增大,膜片及磁铁的移动量增大,磁铁磁力吸动舌簧开关而闭合,警告灯电路被接通,警告灯点亮。

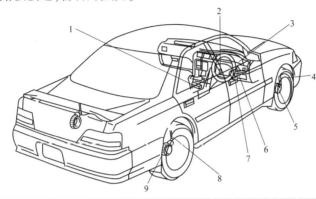

图 5-31 轮胎气压报警系统

1-发动机控制系统电脑;2-驻车制动报警灯;3-轮胎气压报警信号灯;4、8-车轮转速传感器;5、9-速度传感器转盘;6-设定开关;7-轮胎气压报警系统电脑

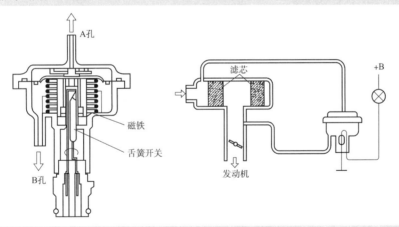

图 5-32 空气滤清器堵塞报警装置示意图

二、实 施 作 业

引导问题 4 检测更换机油泵作业需要哪些工具、设备和材料?

(1)翼子板护裙、转向盘护套、变速杆护套、座椅护套、脚垫及干净抹布;
(2)雪佛兰科鲁兹轿车及车辆维修手册;

项目五　汽车仪表与报警系统

(3) 套筒(10mm、14mm、17mm、)及棘轮扳手、机油回收车；
(4) 举升机、机油压力表及转换接头；
(5) SN 级 5W-30 机油 4L、快干胶及室温硫化密封胶。

引导问题 5　通过查询资料，填写车辆以下信息。

生产年份_____，车辆号牌_____，行驶里程_____，车辆识别码(VIN 码)_____。

引导问题 6　检测更换机油泵作业前的准备工作有哪些？

(1) 汽车进入工位前，将工位清理干净，准备好相关器材；
(2) 将汽车停放在工位上；
(3) 拉紧驻车制动器操纵杆；
(4) 套上转向盘护套、变速杆护套、座椅护套、铺好脚垫，如图 5-33 所示；
(5) 在车内拉动发动机舱盖开启手柄，在车外打开并支撑发动机舱盖，如图 5-34 所示；
(6) 粘贴翼子板护裙，如图 5-35 所示；
(7) 连接故障诊断仪，如图 5-36 所示。

图 5-33　套上护套和铺好脚垫

图 5-34　支撑发动机舱盖

图 5-35　粘贴翼子板护裙

图 5-36　连接故障诊断仪

引导问题 7　怎样检查机油是否渗漏？

机油渗漏常用目视法检查：
(1) 检查机油液面高度，必要时进行添加，确保液面在正常位置；
(2) 操作举升机(见图 5-37)，将车辆举升至合适高度；
(3) 确保车辆固定在举升机上安全后，才可进行操作，如图 5-38 所示；

图 5-37　操作举升机（一）　　　　　图 5-38　操作举升机（二）

注意：车辆在举升前：务必卸下承载物；举升车辆时：车内禁止有乘客，并关好门；车辆举升中：车辆下方严禁站人或穿梭，不得晃动车辆。

(4) 检查曲轴前、后端油封、油底壳衬垫等处是否有机油泄漏现象，油底壳是否存在变形现象，如图 5-39 所示；

(5) 平稳降下车辆至地面；

(6) 起动发动机并怠速运转至冷却液温度达到 60~70℃后熄火，在油底壳下面铺上一张纸或其他清洁的物品，观察 15min。如有泄漏，根据油滴在纸上的位置方可找到泄漏部位，并进行处理。

图 5-39　检查曲轴前、后端油封和油底壳衬垫是否漏油

引导问题 8　怎样规范的检测机油压力？

在机油液面高度正常情况下，拆下密封螺栓(如图 5-40 所示)并清洁螺纹。利用转换接头安装机油压力表(如图 5-41 所示)。起动发动机并检查机油压力。怠速时，机油压力必须为至少 130kPa（18.85lbf/in^2），且机油温度必须为 80℃（170°F）或以上。将发动机熄火，拆下机油压力表和转换接头并安装新的密封螺栓紧固至 15N·m。

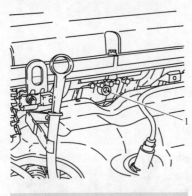
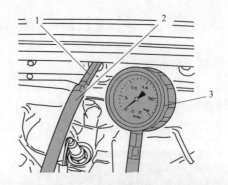

图 5-40　螺栓密封位置
1-密封螺栓孔

图 5-41　安装机油压力表
1-金属转换接头；2-橡胶软管；3-机油压力表

引导问题9　怎样规范的更换机油泵？

如图5-42所示为雪佛兰科鲁兹LDE发动机润滑系统零部件分解图，该车型机油泵与发动机前盖为一体式。

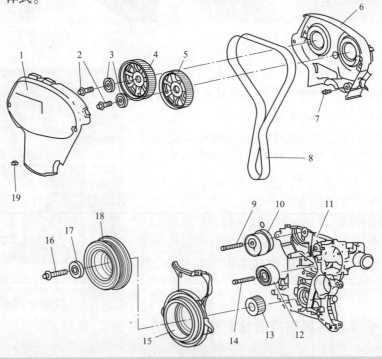

图 5-42　科鲁兹 LDE 发动机零部件分解图
1-正时传动带上前盖；2-凸轮轴链轮螺栓；3-凸轮轴链轮垫圈；4-进气凸轮轴链轮；5-排气凸轮轴链轮；6-正时传动带后盖；7-正时传动带后盖螺栓；8-正时传动带；9-正时传动带张紧器螺栓；10-正时传动带张紧器；11-发动机前盖（机油泵总成）；12-正时传动带惰轮；13-曲轴链轮；14-正时传动带惰轮螺栓；15-正时传动带下前盖；16-曲轴扭转减振器螺栓；17-曲轴扭转减振器垫圈；18-曲轴扭转减振器；19-正时传动带上前盖螺栓

1 拆卸

(1)断开蓄电池负极电缆;

(2)拆下排气歧管;

(3)排空发动机冷却系统;

(4)拆卸空调压缩机;

(5)拆下发电机;

(6)拆下正时传动带后盖;

(7)拆下油底壳;

(8)将散热器出口软管从水泵上拆下;

(9)排空冷却系统;

(10)拆卸空调压缩机;

(11)拆下发电机;

(12)拆下正时传动带后盖;

(13)拆下油底壳;

(14)将散热器出水口软管从水泵上拆下;

(15)拆下发动机机油冷却器进口管螺栓(如图5-43中4所示);

(16)将发动机机油冷却器进口管(如图5-43中1所示)推入发动机机油冷却器壳体(如图5-43中2所示);

(17)从水泵上拆下2个发动机机油冷却器出口管螺栓(如图5-43中5所示);

(18)将发动机机油冷却器出口管(如图5-43中3所示)接入发动机机油冷却器壳体(如图5-43中2所示);

(19)将发动机机油冷却器出口管(如图5-43中3所示)接入发动机机油冷却器壳体(如图5-43中2所示)。

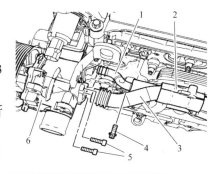

图5-43 机油泵与发动机前盖拆卸简图
1-发动机机油冷却管进口管;2-发动机机油冷却器壳体;3-发动机机油冷却器出口管;4-发动机机油冷却器进口管螺栓;5-发动机机油冷却器出口管螺栓;6-水泵

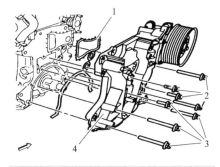

图5-44 机油泵与发动机前盖安装简图
1-发动机前盖密封件;2、3-发动机前盖螺栓;4-发动机前盖

2 安装

(1)清洁密封面;

(2)安装一个新的发动机前盖密封垫(如图5-44中1所示);

(3)安装发动机前盖(如图5-44中4所示);

(4)安装8个发动机前盖螺栓(如图5-44中2、3所示)并紧固至20N·m;

(5)将发动机机油冷却器出口管(如图5-43中3所示)接入水泵(如图5-43中6所示);

(6)安装发动机机油冷却器出口管螺栓(如图5-43

中5所示),并紧固至8N·m;

(7)将发动机机油冷却器进口管(如图5-43中1所示)接入水泵(如图5-43中6所示);

(8)安装发动机机油冷却器进口管螺栓(如图5-43中4所示),并紧固至8N·m;

(9)将散热器出口软管安装到水泵上;

(10)安装正时传动带后盖;

(11)安装发电机;

(12)安装空调压缩机;

(13)安装排气歧管;

(14)连接蓄电池负极电缆;

(15)加注冷却系统冷却液;

(16)关闭发动机舱盖。

三、评价反馈

对本学习任务进行评价,见表5-4。

评 分 表　　　　　　　　　　　表5-4

考核项目	评分标准	分数	学生自评	小组评价	教师评价	小计
活动参与	是否积极主动	5				
安全生产	有无安全隐患	10				
现场5S	是否做到	10				
任务方案	是否合理	15				
操作过程	举升机操作; 机油渗漏检查; 机油压力检查; 机油泵的更换	30				
任务完成情况	是否圆满完成	5				
工具和设备使用	是否规范、标准	10				
劳动纪律	是否违反	10				
工单填写	是否完整、规范	5				
总分		100				
教师签字:				年　月　日	得分	

四、学习拓展

1. 填空题

(1) 报警系统由_____、_____、_____、_____等部件组成。

(2) 燃油油量警告灯包括_____、_____、_____3种类型。

2. 简答题

(1) 曲轴箱强制通风系统的PVC阀是怎样进行检测的?

(2) 查阅资料,说明卡罗拉、骐达、思域轿车的机油压力开关位置及机油压力值。

(3) 查阅资料,说明卡罗拉轿车与凯越轿车机油泵的更换过程有何不同。

项目六
辅助电器系统

学习任务一

电动刮水器与风窗洗涤器的检测与维修

学习目标

完成本学习任务后,你应当能:
(1) 叙述电动刮水器、风窗洗涤器的作用、结构,工作原理与使用要点;
(2) 正确使用工具和设备;
(3) 能够分析、读懂其控制电路图;
(4) 掌握电动刮水器、风窗洗涤器常见的故障及检测方法。

 建议完成本学习任务的时间为 **6 课时**。

 学习任务描述

一辆 2013 款雪佛兰科鲁兹轿车,车主反映:前风窗电动刮水器不工作。需要你对电动刮水器电路进行检测,确定故障部位并进行修理。

一、资料收集

引导问题 1 电动刮水器的作用有哪些?

汽车在雨、雪天行驶时,风窗玻璃上的雨水或积雪会影响驾驶人视线。刮水器的作用是用来刮除附着于车辆挡风玻璃上的雨水、雪花及灰尘的设备,以改善驾驶人的能见度,增加行车安全。汽车前风窗玻璃装有刮水器,有些汽车后风窗玻璃也装有刮水器。

引导问题 2 电动刮水器由哪些部件组成?

电动刮水器由直流电动机、蜗轮蜗杆减速机构、传动机构和刮水片等组成,如图 6-1 所示。直流电动机与蜗轮蜗杆减速机构组装在一起,构成刮水器动力系统。刮水电动机的旋转运动通过传动机构使刮水片往复摆动。

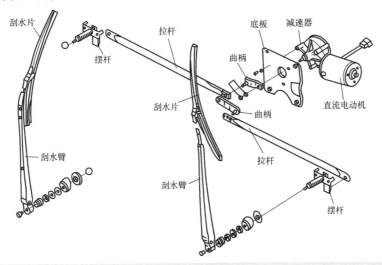

图 6-1 电动刮水器的组成

1 刮水电动机

刮水电动机的作用是为刮水片提供动力。刮水电动机有绕线式和永磁式两种。永磁式刮水电动机的结构如图 6-2 所示。它具有体积小、质量轻、噪声小、结构简单等优点。

2 传动机构

传动机构的作用是将刮水电动机的旋转运动转变为刮水片的摆动。传动机构一般为平面四杆机构,杆件的连接均采用球形铰接,如图 6-3 所示。

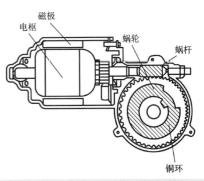

图 6-2 永磁式刮水电动机的结构

项目六 辅助电器系统

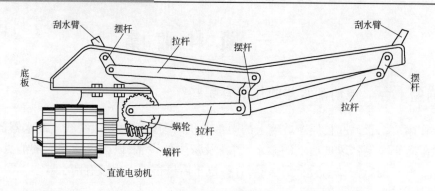

图 6-3 传动机构

3 刮水片总成

刮水器的刮水片胶条是直接清除玻璃上雨水和污垢等的工具。刮水片总成由主桥、副桥和橡胶刮片组成,如图 6-4 所示。刮片胶条通过弹簧条压向玻璃表面,它的唇口必须与玻璃角度配合一致,方能达到所要求的性能。

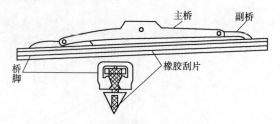

图 6-4 刮水片结构

引导问题3 刮水电动机是怎样控制的?

刮水器在使用中应具有变速(低速、高速)、间歇和自动复位等功能,以满足不同条件的要求,可通过对刮水电动机的控制来实现。

1 变速控制

刮水器应能根据雨、雪的大小来调整刮水片的刮水速度,在雨、雪小时使用低速刮水,而雨、雪大时使用高速刮水。刮水电动机应能够改变转速,以调整刮水片的刮水速度。永磁式刮水电动机的变速是利用3个电刷来改变正、负电刷之间串联线圈的个数实现变速的,如图6-5所示。

当将刮水器开关 K 拨向 L(低速)时,如图 6-5a)所示,电源电压加在电刷 B_1 和 B_3 之间,在电刷 B_1 和 B_3 之间有两条电枢绕组并联支路,一条是由绕组 1、2、3、4 串联的支路,另一条是由绕组 5、6、7、8 串联的支路,即在电刷 B_1 和 B_3 之间的两条并联支路中,每条支路中各有 4 个串联绕组,反电势的大小与支路中反电势的大小相等。由于外加电压需要平衡 4 个绕组所产生的反电势,故电动机转速较低。

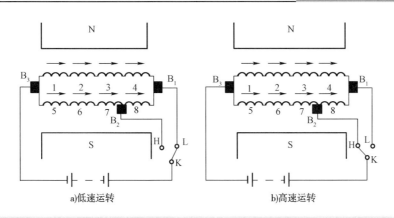

图 6-5 永磁式刮水电动机变速控制

当将刮水器开关 K 拨向 H(高速)时,如图 6-5b)所示,电源电压加在电刷 B_2 和 B_3 之间,在电刷 B_2 和 B_3 之间同样有两条电枢绕组并联支路,一条是由绕组 1、2、3、4、8 串联的支路,另一条是由 5、6、7 串联的支路,绕组 1、2、3、4、8 同在一条支路中,其中绕组 8 与绕组 1、2、3、4 的反电势方向相反,相互抵消后,使每条支路变为 3 个串联绕组。外加电压只需平衡 3 个绕组所产生的反电势,因而实际加在电枢绕组两端的有效电压值增高,电动机的转速升高。在电动机转速升高时,产生的反电势增大,当外加电压与反电势达到新的平衡后,电动机便以某一高转速稳定运转。

2 自动复位控制

在任何时刻关闭刮水器开关,刮水片都要自动停止在风窗玻璃的下部,以免影响驾驶人的视线,因而在刮水电动机内设有自动复位装置。

自动复位装置及电动刮水器工作电路如图 6-6 所示。铜环式自动复位装置由两个圆弧形铜环和两个触点及触点臂组成,两个铜环嵌在减速蜗轮(塑料或尼龙)上,其中长铜环搭铁,两个触点在触点臂的弹力作用下与蜗轮端面和铜环保持接触。

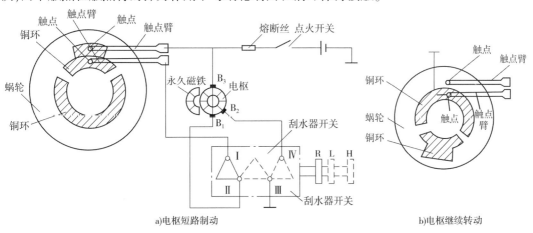

图 6-6 自动复位装置及电动刮水器工作电路

接通点火开关,将刮水器开关置于"Ⅰ"(低速挡)或"Ⅱ"(高速挡)时,刮水电动机以低速或高速运转,然后将刮水器开关置于"0"(停止),如果刮水片没有停在规定的位置,与刮水器开关连接的触点和长铜环相接触,刮水电动机仍以低速运转,如图6-6b)所示。蜗轮旋转到特定位置后电路中断,如图6-6a)所示。由于电枢的运动惯性,电枢不能立即停止转动,此时以发电方式运行,电枢绕组通过两个触点与短铜环接触而短路,电枢绕组将产生电磁力矩被制动,电枢迅速停止运转,使刮水片停止在特定位置(风窗玻璃的下部)。

3 间歇控制

汽车在小雨或雾天行驶时,如果刮水器以一定的刮水速度连续刮水,风窗玻璃上的微量水分和灰尘就会形成一层发黏的表面,不仅不能将风窗玻璃刮拭干净,相反会使玻璃模糊不清,影响驾驶人的视线。因此,刮水器要能够进行间歇刮水。在电动刮水器电路中设置刮水器间歇继电器,与自动复位装置配合,使刮水电动机每隔几秒运转一下。刮水电动机间歇控制电路如图6-7所示。

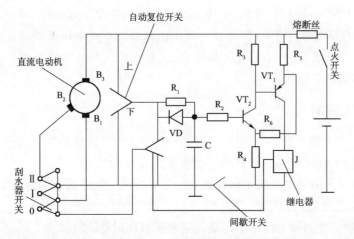

图6-7 刮水电动机间歇控制电路

刮水器开关置于间歇挡(刮水器开关处于"0",且间歇开关闭合)时,电源将通过自动复位开关向电容器C充电,其电路为:蓄电池正极→点火开关→熔断丝→自动复位开关常闭触点(上)→电阻R_1→电容器C→搭铁→蓄电池负极,电容器C两端的电压逐渐升高。当电容器C两端的电压升高到一定值时,晶体管VT_1和VT_2先后相继由截止转为导通,从而接通继电器磁化线圈电路,其电路为:蓄电池正极→点火开关→熔断丝→电阻R_5→晶体管VT_1→继电器磁化线圈→间歇开关→搭铁→蓄电池负极。在电磁吸力的作用下,继电器常闭触点打开,常开触点闭合,从而接通刮水电动机电路,其电路为:蓄电池正极→点火开关→熔断丝→电刷B_3→电刷B_1→刮水器间歇继电器常开触点→搭铁→蓄电池负极,刮水电动机低速旋转。

当自动复位开关的常开触点(下)接通时,电容器C通过二极管VD、自动复位开关常开触点(下)迅速放电,刮水电动机继续转动。随着电容器C放电,晶体管VT_1基极的电位逐渐降低,晶体管 VT_1 和 VT_2 由导通转为截止,从而切断继电器磁化线圈电路,继电器常开触点打开,常闭触点闭合,刮水电动机仍继续转动,其电路为:蓄电池正极→点火开关→熔断丝→电刷 B_3→电刷 B_1→间歇继电器常闭触点→自动复位开关常开触点(下)→搭铁→蓄电池负极。当刮水片位于规定位置时,自动复位开关的常开触点(下)打开,常闭触点(上)闭合,刮水电动机停止转动。电容器 C 再次充电、放电,如此反复,刮水电动机间歇运转,实现刮水片的间歇动作。

引导问题4 风窗玻璃洗涤器的作用是什么?它的组成与工作过程是怎样的?

风窗玻璃洗涤器的作用是向风窗玻璃上喷射洗涤液,与刮水器配合,以除去风窗玻璃上的灰尘和脏物。

风窗玻璃洗涤器主要由储液罐、洗涤泵、输液管、喷嘴、洗涤开关等组成,如图 6-8 所示。

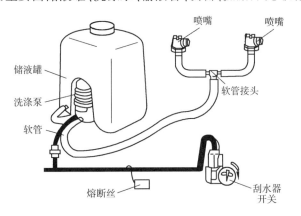

图 6-8　风窗玻璃洗涤器的组成

洗涤泵一般由永磁直流电动机和离心式叶片泵组成,喷射压力可达 70~88kPa。洗涤泵一般直接安装在储液罐上,也有的安装在管路中。在离心式叶片泵的进口处设置滤清器。

喷嘴通常安装在风窗玻璃下面的前围板上或发动机舱盖上,喷嘴的直径一般为 0.8~1.0mm,喷嘴方向可以根据使用情况调整,使洗涤液能够喷射到风窗玻璃的适当位置。

常用的洗涤液是硬度不超过 $205×10^{-6}$CaO 的清水。为了能刮掉风窗玻璃上的油、蜡等,可在清水中添加少量的去垢剂和缓蚀剂。

接通洗涤开关,洗涤泵将洗涤液泵出,经喷嘴喷洒到风窗玻璃上。

图 6-9 为 2013 款雪佛兰科鲁兹电动刮水器/洗涤器电路图。

引导问题5 如何对电动刮水器与风窗玻璃洗涤器进行维护?

(1)检查电动刮水器是否正常工作。如果工作异常,则进行检修。

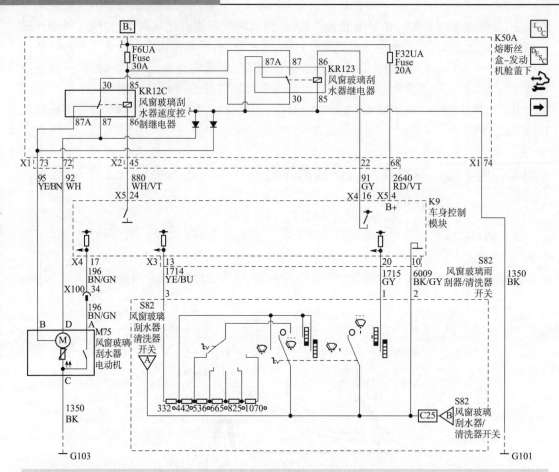

图 6-9　2013 款雪佛兰科鲁兹电动刮水器/洗涤器电路图

X50A-熔断丝盒；KR12B-风窗玻璃刮水器继电器；KR12C-风窗玻璃刮水器速度控制继电器；K9-车身控制模块；S82-风窗玻璃刮水器/洗涤器开关；M75-风窗玻璃刮水器电动机

（2）检查橡胶刮水片的唇口是否磨损、老化或破裂。如果有，则更换橡胶刮水片。以雪佛兰科鲁兹轿车刮水器的刮水片更换为例。如图 6-10 所示。

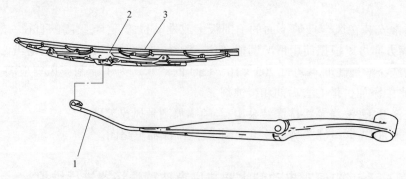

图 6-10　刮水片总成

1-风窗玻璃刮水臂；2-风窗玻璃刮水臂与刮水片拆卸凸舌；3-风窗玻璃橡胶刮片

①预备程序:向上提起刮水臂,将其从风窗玻璃上拆下。
②向内推动刮水片顶部中央的方形拆卸凸舌。
③向下轻轻旋转刮水片并从刮水臂上拆下刮水片,然后小心地松开刮水臂,使其回至风窗玻璃。

(3)检查刮水器与洗涤器开关是否有故障,如果有,则需要更换风窗玻璃刮水器和洗涤器开关,如图6-11所示。
①预备程序:拆下转向柱装饰盖。
②必要时,需要断开所有电器连接器,然后松开塑料固定凸舌以便拆下风窗玻璃刮水器和洗涤器开关。

(4)检查风窗玻璃雨刮臂。先拆下装饰盖,在风窗玻璃下遮光区域处找到中央带黑点的透明基圆,将刮水臂定位于枢轴以使刮水片从透明基圆中央穿过。将刮水臂向下压到枢轴上,同时提起刮水片部位,再安装刮水臂螺母,按前述规定保持刮水臂固定就位。松开刮水臂总成对另一个刮水臂重复相同程序。

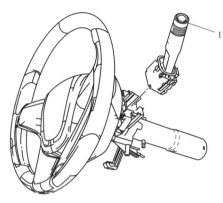

图6-11 检查刮水器与洗涤器开关
1-风窗玻璃刮水器和洗涤器开关

(5)检查风窗玻璃洗涤器喷嘴软管是否破裂、老化、损坏,如果有,则需要更换喷嘴软管,如图6-12所示。

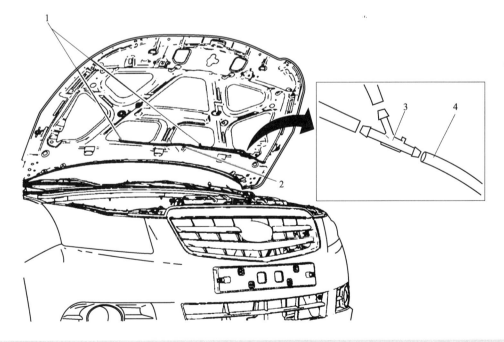

图6-12 检查风窗玻璃洗涤器喷嘴软管
1-洗涤器喷嘴软管;2-洗涤器软管与发动机舱盖固定件;3-洗涤器喷嘴软管集成连接器;4-洗涤泵出水软管

①预备程序。先拆下发动机舱盖隔热板,然后将一个洁净的容器放置于前排驾驶员侧下部,接近风窗玻璃洗涤器喷嘴和风窗玻璃洗涤液泵软管将断开的部位,以回收所有流出的风窗玻璃洗涤液。

②将洗涤器软管从安装在发动机舱盖上的两个洗涤器喷嘴上断开,接着断开软管以拆下风窗玻璃洗涤器喷嘴软管。

(6)检查洗涤器喷嘴是否堵塞、老化、破裂,如果有,则需要更换喷嘴,如图6-13所示。

①预备程序。先将洗涤器软管从洗涤器喷嘴上断开,然后拆下发动机舱盖隔热板。

②从底部夹紧洗涤器喷嘴以松开喷嘴,并从发动机舱盖向外推喷嘴以将其拆下。

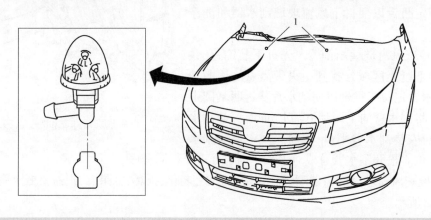

图6-13 检查洗涤器喷嘴
1-风窗玻璃洗涤器喷嘴

引导问题6 电动刮水器有哪些常见故障?

电动刮水器常见的故障有刮水器不工作、刮水器速度慢、间歇刮水不正常、刮水器不能复位等。

检修电动刮水器时,先确定是电器故障还是机械故障,其方法是拆开刮水电动机与传动机构的连接,接通刮水器开关,如果刮水电动机工作正常,则故障在机械部分。

机械故障的主要原因有杆件连接松脱、杆件变形、刮水片损坏,应进行检修或更换零件。

电器故障的主要原因有熔断丝断开、接线松脱、刮水电动机损坏、刮水器开关损坏、间歇继电器损坏、线路断路等,应进行检修或更换部件。

引导问题7 电动刮水器不工作的检测工艺流程是怎样的?

雪佛兰科鲁兹轿车前风窗电动刮水器不工作,说明电动刮水器电路有故障,应按照规定的检测工艺流程进行故障分析,如图6-14所示。

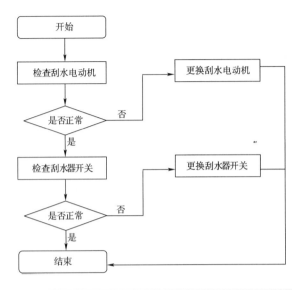

图6-14 电动刮水器不工作的检测工艺流程

引导问题8　检查电动刮水器作业需要哪些工具、设备和材料？

（1）扳手、旋具、万用表；
（2）翼子板护裙、转向盘护套、变速杆护套、座椅护套和脚垫；
（3）刮水电动机、刮水器开关；
（4）2013款雪佛兰科鲁兹轿车维修手册。

引导问题9　怎样规范地检查刮水电动机？

（1）关闭点火开关和车辆所有系统，断开KR12B。用万用表检测搭铁端子85和搭铁间电阻值：

①如果≥10Ω，继续用万用表检测搭铁电路端对端的电阻值：若≥2Ω，则被测电路为开路；若<2Ω，则搭铁连接电路闭路。

②如果<10Ω，则打开点火开关，在B_+电路端子87和搭铁之间连接一个测试灯，确认测试灯点亮和熄灭情况。进入步骤（2）。

（2）确认B_+电路端子87和搭铁之间测试灯点亮和熄灭情况：

① 如果测试灯未点亮且电路熔断丝完好，检测B_+电路端对端的电阻值：若≥2Ω，则被测电路开路；若<2Ω，则要确认熔断丝完好且熔断丝有电压值。

②如果测试灯未点亮且电路熔断丝熔断，则要检测B_+电路和搭铁之间的电阻值：若电

阻值为无穷大,则需更换 KR12B;若电阻值不为无穷大,则被测电路对搭铁短路。

③如果测试灯点亮,则将测试灯连接在控制电路端子 86 和搭铁电路端子 85 之间。用故障诊断仪指令低速刮水器打开和关闭,检测控制电路端子 86 和搭铁电路端子 85 之间测试灯点亮和熄灭的情况。进入步骤(3)。

(3)确认控制电路端子 86 和搭铁电路端子 85 之间测试灯点亮和熄灭情况:

①如果测试灯始终熄灭,可以断开 K9 的线束连接器,用万用表检测控制电路和搭铁间的电阻值:如果电阻值不为无穷大,则被测电路对搭铁短路。如果电阻值为无穷大,检测控制电路端对端电阻值:若≥2Ω,则被测电路开路;若<2Ω,需要更换 K9。

②如果测试灯始终点亮,断开 K9 的线束连接器,然后打开点火开关用万用表检测控制电路和搭铁之间的电压值:若≥1V,则修理电路短路;若<1V,则更换 K9 车身控制模块。

③如果测试灯在低速刮水器打开时点亮、关闭时熄灭,则关闭点火开关,断开 KR12C。检测 KR12B 的控制电路端子 30 和 KR12C 的控制电路端子 30 间的电阻值:若≥10Ω,更换 X50A 发动机舱盖下熔断丝盒;若<10Ω,则需要接着检测 KR12B 的搭铁电路端子 30 和搭铁间的电阻值。进入步骤(4)。

(4)检测 KR12B 的搭铁电路端子 30 和搭铁间的电阻值:

①如果≥10Ω,则需更换 KR12B。

②如果<10Ω,则需确认 B_+ 端子 85 和搭铁之间的测试灯是否点亮。若测试灯未点亮,则需更换 X50A 发动机舱盖下熔断丝盒;若测试灯点亮,则需要在控制电路端子 30 和搭铁之间连接一个测试灯,当用故障诊断仪指令低速刮水器开关打开和关闭时,确认测试灯点亮和熄灭情况。进入步骤(5)。

(5)用故障诊断仪指令低速刮水器开关打开和关闭时,确认控制电路端子 30 和搭铁之间测试灯点亮和熄灭的情况:

①如果测试灯未点亮,则需更换 KR12B。

②如果测试灯点亮,则需要将一个测试灯连接在 B_+ 端子 85 和控制端子 86,当用故障诊断仪指令高速刮水器开关打开和关闭时,确认测试灯点亮和熄灭情况。进入步骤(6)。

(6)用故障诊断仪指令高速刮水器开关打开和关闭时,确认 B_+ 端子 85 和控制端子 86 之间的测试灯点亮和熄灭的情况:

①如果测试灯始终熄灭,则关闭点火开关,断开 K9 的线束连接器,再次打开点火开关。检测控制电路和搭铁之间的电压值:若≥1V,则修理电路短路;若<1V,则关闭点火开关。检测控制端对端电阻值:如果≥2Ω,则修理电路开路;如果<2Ω,则更换 K9。

②如果测试灯始终点亮,则关闭点火开关,断开 K9 的线束连接器。检测控制电路和搭铁间电阻值:若电阻值不为无穷大,则修理电路对搭铁短路;若电阻值为无穷大,则更换 K9。

③如果测试灯在高速刮水器开关打开时点亮、关闭时熄灭,则关闭点火开关,连接 KR12C 并断开 M75 的连接器,检测搭铁端子 C 和搭铁间电阻值。进入步骤(7)。

(7)检测搭铁端子 C 和搭铁间电阻值:

①如果≥10Ω,则关闭点火开关,检测搭铁电路端对端电阻值:若≥2Ω,则修理电路开

路;若<2Ω,则搭铁电路连接开路。

②如果<10Ω,则在控制电路端子B和搭铁之间连接测试灯,打开点火开关,使用S82切换低速刮水器打开和关闭时,确认测试灯点亮和熄灭情况。进入步骤(8)。

(8)使用S82切换低速刮水器打开和关闭时,确认控制电路端子B+和搭铁之间测试灯点亮和熄灭的情况:

①如果测试灯始终熄灭,关闭点火开关,断开K9的线束连接器。用万用表检测控制电路和搭铁间的电阻值:若电阻值不为无穷大,则被测电路对搭铁短路;若电阻值为无穷大,则检测控制电路端对端电阻值,如果≥2Ω,则被测电路开路;如果<2Ω,则更换KR12C。

②如果测试灯始终点亮,则关闭点火开关,断开K9的线束连接器,再次打开点火开关,用万用表检测控制电路和搭铁间电压值:若≥1V,则被测电路短路;若<1V,需更换KR12C。

③如果测试灯在低速刮水器开关打开时点亮、关闭时熄灭,则需要在控制端子D和搭铁间连接一盏测试灯。在使用S82切换高速刮水器开关打开和关闭时,确认测试灯点亮和熄灭情况。进入步骤(9)。

(9)使用S82切换高速刮水器开关打开和关闭时,确认控制端子D和搭铁间测试灯点亮和熄灭情况:

①如果测试灯始终熄灭,则关闭点火开关,断开K9的线束连接器。检测控制电路和搭铁间电阻值:若电阻值不为无穷大,则被测电路对搭铁短路;若电阻值为无穷大,检测控制电路端对端电阻值:如果≥2Ω,则修理电路开路;如果<2Ω,需更换KR12C。

②如果测试灯始终点亮,则关闭点火开关,断开K9的线束连接器,再次打开点火开关,检测控制电路和搭铁间的电压值:若≥1V,则修理电路短路;若<1V,需更换KR12C。

③如果测试灯在高速刮水器开关打开时点亮、关闭时熄灭,则需更换M75风窗玻璃刮水器电动机。

引导问题10 怎样规范地检查刮水器开关?

刮水器开关电路测试:

(1)关闭点火开关和车辆其他所有系统,接着断开S82的线束连接器。图6-15为刮水器开关端子,用万用表测量端子2和搭铁之间的电阻值:

①如果≥10Ω,则断开K9的线束连接器。测量端子2和搭铁间的电阻值。如果≥2Ω,则被测电路开路;若<2Ω,则需更换K9。

②如果<10Ω,先打开点火开关,看故障诊断仪"Windshield Washer Switch"(风窗玻璃洗涤器开关)参数。进入步骤(2)。

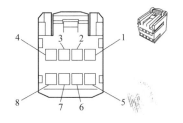

图6-15 刮水器开关端子
1-风窗玻璃刮水器开关高速信号;2-风窗玻璃刮水器开关低电平参考电压;3-风窗玻璃刮水器开关低电平信号;4-未使用;5-风窗玻璃洗涤器开关信号;6~8-未使用

(2) 观测故障诊断仪"Windshield Washer Switch"(风窗玻璃洗涤器开关)参数情况：

① 如果不为 Inactive(未激活)，则将点火开关置于 OFF 挡，断开 K9 的线束连接器，用万用表测量端子 5 和搭铁间的电阻值：如果电阻值为无穷大，则需更换 K9；如果电阻值不为无穷大，则电路对搭铁短路。

② 如果为 Inactive(未激活)，则在端子 5 和端子 2 之间安装一条 3A 熔断丝的跨接线，再来确认故障诊断仪"Windshield Washer Switch"(风窗玻璃洗涤器开关)参数为"Active"(激活)。进入步骤(3)。

(3) 确认故障诊断仪"Windshield Washer Switch"(风窗玻璃洗涤器开关)参数情况：

① 如果为 Active(激活)，则需更换 S82。

② 如果未显示 Active(激活)，关闭点火开关，断开 K9 的线束连接器，再次打开点火开关。检测信号电路和搭铁间的电压值：如果 ≥1V，则电路短路；如果 <1V，测量信号电路的端到端电阻值。进入步骤(4)。

(4) 测量信号电路的端到端电阻值：

① 如果 ≥2Ω，则电路为开路。

② 如果 <2Ω，则更换 K9。如果为 Active(激活)，则需更换 S82。

三、评价反馈

对本学习任务进行评价，评价项目见表 6-1。

评 分 表 表 6-1

考核项目	评分标准	分数	学生自评	小组评价	教师评价	小计
活动参与	是否积极主动	5				
安全生产	有无安全隐患	10				
现场5S	是否做到	10				
任务方案	是否合理	15				
操作过程	刮水电动机检查；刮水开关检查	30				
任务完成情况	是否圆满完成	5				
工具和设备使用	是否规范、标准	10				
劳动纪律	是否违反	10				
工单填写	是否完整、规范	5				
总分		100				
教师签字：				年 月 日	得分	

四、学习拓展

1. 填空题

(1) 刮水器无低速工作的原因是＿＿＿＿＿＿＿＿＿＿＿＿＿＿＿。

(2) 间歇刮水功能不起作用是因为＿＿＿＿＿＿＿＿＿＿＿＿＿＿＿。

2. 简答题

(1) 电动刮水器的工作原理及过程是什么？

(2) 电动刮水器有哪些常见故障？

学习任务二

电动后视镜认知与维修

 学习目标

完成本学习任务后,你应当能:
(1) 叙述电动后视镜的作用、组成及工作原理;
(2) 读懂给定的"检测工艺流程",对测试结果进行分析;
(3) 正确地使用工具和设备;
(4) 规范地检查电动后视镜电路。

建议完成本学习任务时间为 4 课时。

 学习任务描述:

一辆科鲁兹 1.5L 轿车,车主反映:左电动后视镜上下调节异常。需要你对电动后视镜电路进行检测,确定故障部位并进行修理。

一、资料收集

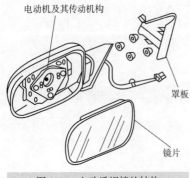

图 6-16 电动后视镜的结构

引导问题 1 后视镜的作用是什么?电动后视镜由哪些部件组成?

后视镜又称倒车镜,安装在汽车前部左右两侧车门上。后视镜的作用是供驾驶人观察汽车两侧及后方的车辆、行人及其他交通情况。

电动后视镜的结构组成:后视镜镜片、后视镜壳体、后视镜调节电动机、后视镜开关、后视镜壳体盖板等,如图 6-16 所示。

引导问题 2　　如何正确调节电动后视镜?

　　电动后视镜的调整应该是每一个驾驶人的基本技能,正确调节后视镜并非单纯为了缩小视觉盲区,而是要让我们的可视视野更有利于驾驶。

　　在调节后视镜前,必须调整好座椅及转向盘的位置;调节左侧后视镜,我们要把后视镜里面的地平线映像调节至镜子中央,把左侧车身的映像调节至占据镜子右侧 1/4 的区域;调节右侧后视镜,我们要把后视镜里面的地平线映像调节至位于镜子高度的 2/3 处,把右侧车身的映像调节至占据镜子左侧 1/4 的区域。

引导问题 3　　电动后视镜有哪些常见故障?

　　电动后视镜常见故障有电动后视镜都不能调节和个别电动后视镜不能调节。

　　电动后视镜都不能调节可能原因有熔断丝断开、插接器松脱或线路断路、开关有故障。检查熔断丝是否断开、插接器是否松脱、开关及线路是否正常。

　　个别电动后视镜不能调节可能原因有插接器松脱或线路断路、电动机或开关有故障。检查电动机是否正常、开关及线路是否正常。

引导问题 4　　电动后视镜调节异常的检测工艺流程是怎样的?

　　科鲁兹 1.5L 轿车左后视镜上下调节异常,说明电动后视镜有故障,应按照规定的检测工艺流程进行故障分析,如图 6-17 所示。

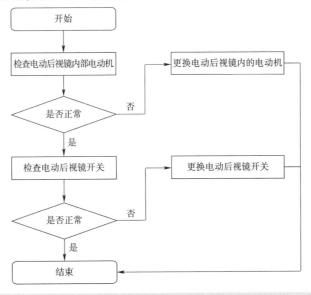

图 6-17　左后视镜上下调节异常检测工艺流程

二、实施作业

引导问题 5 检查电动后视镜作业需要哪些工具、设备和材料?

(1)扳手、旋具、万用表;
(2)翼子板护裙、转向盘护套、变速杆护套、座椅护套和脚垫;
(3)电动后视镜、后视镜开关;
(4)上汽通用雪佛兰科鲁兹轿车维修手册。

引导问题 6 通过查询资料,填写车辆以下信息。

生产年份_____,车牌号码_____,行驶里程____km,车辆识别代码(VIN)_____。

引导问题 7 怎样规范地检查电动后视镜的外观?

电动后视镜是车身两侧最突出的部件,通常会最易被外力所损坏。因此不管是使用中,还是停放时,都要估计好距离。一旦外壳破损、镜面开裂应及时更换新件。操纵控制开关时,镜面不能达到所需的位置,或镜面不动,应先检查线路的通断,进而检查双电动机的工作情况和传动机构是否磨损、损坏等,有必要时更换新件。

引导问题 8 如何更换后视镜镜片?

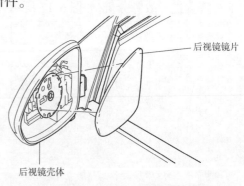

(1)警告:后视镜镜片易碎;
(2)向外拉后视镜玻璃衬板,将其从后视镜壳体上松开,如图 6-18 所示;
(3)断开电器连接器(如装备);
(4)更换后视镜镜片新件。

图 6-18 后视镜镜片拆装示意图

引导问题 9 如何更换后视镜壳体?

(1)拆下车外后视镜镜片;
(2)拆下车外后视镜壳体螺钉,如图 6-19 所示;
(3)拆下车外后视镜下壳螺钉;
(4)取下车外后视镜壳体;

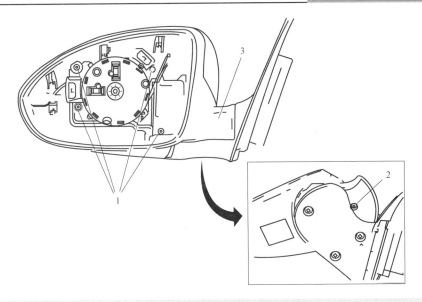

图 6-19　后视镜壳体拆装示意图
1-后视镜壳体螺钉；2-后视镜下壳螺钉；3-后视镜壳体

（5）更换后视镜壳体新件；
（6）按照维修手册紧固件紧固扭矩进行螺钉紧固。

引导问题 10　如何更换后视镜壳体盖板？

（1）使用塑料撬具，将工具插入壳体盖和镜体之间的顶部和底部；
（2）小心在顶部和底部间同等撬动，朝车辆前方松开壳体，如图 6-20 所示；
（3）更换后视镜壳体盖板新件；

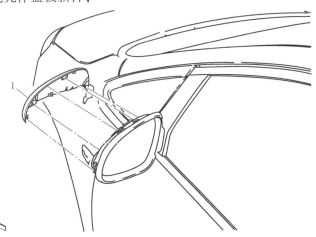

图 6-20　后视镜壳体盖板拆装示意图
1-后视镜壳体盖板

(4)通过朝车辆后方向壳体盖施加压力,将壳体盖安装到镜体上,直到固定器啮合。

引导问题11　怎样规范地检查后视镜电动机?

(1)关闭点火开关;
(2)拆下驾驶席侧(左前)车门内饰板;
(3)断开左电动后视镜插头;
(4)用蓄电池直接向后视镜上下调节电动机通电,检查后视镜电动机运转情况,见表6-2,如果不符合要求,则更换左电动后视镜;

检查左后视镜电动机运转情况　　　　　　　　表6-2

接蓄电池正极	接蓄电池负极	后视镜是否转动
端子5	端子4	是(向上)
端子4	端子5	是(向下)

(5)连接左电动后视镜插头,检查左电动后视镜上下调节是否恢复正常。如果没有,则检查电动后视镜开关;
(6)装上驾驶席侧车门内饰板。

维修步骤:
(1)拆下车外后视镜镜片;
(2)拆下车外后视镜内电动机固定螺栓,如图6-21所示;
(3)断开电器连接器;
(4)更换车外后视镜内电动机新件;
(5)按照维修手册紧固件紧固扭矩进行螺栓紧固。

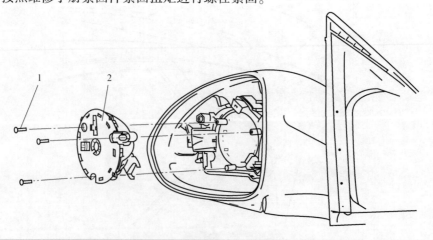

图6-21　后视镜电动机拆装示意图
1-后视镜电动机固定螺栓;2-后视镜电动机

引导问题 12 ▶ 怎样规范地检查电动后视镜开关?

（1）关闭点火开关；
（2）拆下驾驶席侧（左前）车门内饰板；
（3）断开电动后视镜开关插头，拆下电动后视镜开关如图 6-22 所示；
（4）检查电动后视镜开关端子之间的导通情况，相应端子应导通，见表 6-3。否则，说明电动后视镜开关损坏；
（5）连接电动后视镜开关插头；
（6）装上电动后视镜开关；
（7）装上驾驶席侧车门内饰板。

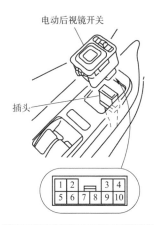

图 6-22 拆下电动后视镜开关

检查电动后视镜调节开关导通　　　　　　　表 6-3

开关位置		端 子									
		1	2	3	4	5	6	7	8	9	10
左电动后视镜	上	○—	—○								
			○—	—	—○						
	下	○—	—	—	—○						
				○							

引导问题 13 ▶ 电动后视镜其他功能故障如何检测?

❶ 电动后视镜加热（除霜/除雾）功能故障检测流程

通过后部除雾继电器控制加热型后视镜。后部除雾器开启时，通过左侧和右侧后视镜加热器元件控制电路向后视镜加热器元件提供蓄电池电压。其电路和系统测试流程如图 6-23 所示。

❷ 电动后视镜的自动折叠功能故障检测流程

通过电子开关控制折叠后视镜系统，将后视镜选择开关置于中间位置可激活该电子开关。后视镜选择开关置于中间位置时，通过按向下箭头启用折叠/收缩功能。折叠/收缩开关将根据其当前状态折叠或收缩后视镜。当电动折叠或收缩功能启用时，蓄电池电压通过相应的折叠或收缩控制电路供给折叠电动机，且相反的控制电路将电动机搭铁。

电路/系统测试流程如图 6-24 所示。

电动后视镜是指外后视镜电动控制，车厢中央内后视镜并不涉及在内。调节中央内后视镜只能手动调节，我们要把中央内后视镜里面的地平线映像调节至镜子中央，把驾驶员的右侧耳朵的映像调节至镜子左侧边缘。

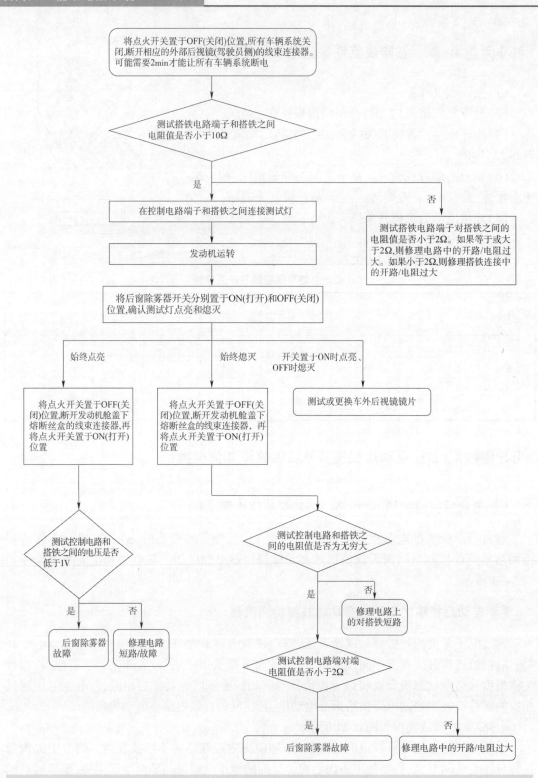

图 6-23 电动后视镜加热功能故障检测流程

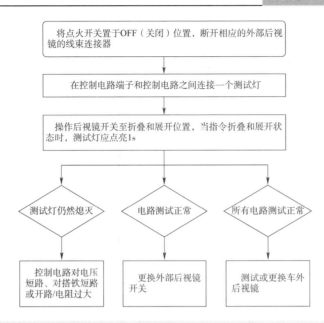

图6-24 电动后视镜自动折叠功能故障检测流程

部分中高级轿车在倒车时后视镜会自动下翻一定角度供驾驶员查看自己距离路边的距离,而挂前进挡后,后视镜自动归位,这项功能就是电动后视镜的更高级应用。

三、评价反馈

对本学习任务进行评价,评价项目见表6-4。

评 分 表   表6-4

考核项目	评分标准	分数	学生自评	小组评价	教师评价	小计
活动参与	是否积极主动	5				
安全生产	有无安全隐患	10				
现场5S	是否做到	10				
任务方案	是否合理	15				
操作过程	后视镜电动机检查;电动后视镜开关检查	30				
任务完成情况	是否圆满完成	5				
工具和设备使用	是否规范、标准	10				
劳动纪律	是否违反	10				
工单填写	是否完整、规范	5				
总分		100				
教师签名:				年 月 日	得分	

四、学习拓展

1. 填空题

(1) 电动后视镜主要由_____、_____和_____等部件组成。

(2) 检测电动后视镜调节功能故障需要的仪器是_____。

(3) 检测电动后视镜的工艺流程是_____。

2. 判断题

(1) 电动后视镜不具备加热除霜功能。 ( )

(2) 在电动后视镜电动机两端子间加12V电压,能测试电动机性能的好坏。 ( )

学习任务三

电动车窗的检测与维修

学习目标

完成本学习任务后,你应当能:
(1) 叙述电动车窗的组成与工作原理、电动天窗的基本组成;
(2) 能读懂给定的"检测工艺流程",对测试结果进行分析;
(3) 正确地使用工具和设备;
(4) 规范地检查电动车窗电路。

 建议完成本学习任务的时间为 **6** 课时。

 学习任务描述

一辆科鲁兹轿车,车主反映:驾驶员侧(左前)电动车窗不能升降,其他电动车窗工作正常。需要你对电动车窗电路进行检测,确定故障部位并进行修理。

一、资 料 收 集

引导问题 1 电动车窗由哪些部件组成?

汽车车窗玻璃的升降通常有手动和电动两种操作方式。现代汽车普遍采用电动车窗,电动车窗由电力驱动使车窗玻璃升降,实现关窗和开窗,电动车窗可以使驾驶员更加集中精力驾车,方便驾驶员及乘客的操作。目前许多车辆具有"一触式"升降功能,只要轻触开关,就可以实现车窗自动升降,并且还具有自动防夹功能。在驾驶员操作时,可以使4个车窗中的任意一个上升或下降,乘客只能使所在位置的车窗上升或下降。

电动车窗系统主要由车窗玻璃、玻璃升降器、直流电动机、继电器、开关(主控开关、分控开关)等装置组成,如图 6-25 所示。

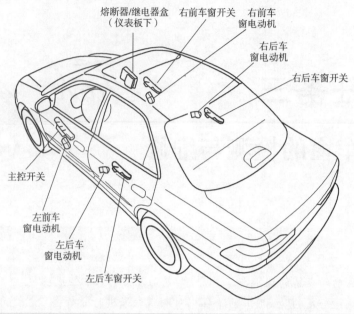

图 6-25　电动车窗组成

引导问题 2　电动车窗升降器的结构和工作过程是怎样的？

电动车窗升降器包括电动机和车窗玻璃升降机构。电动机一般为双向永磁直流电动机,用车窗开关控制电动机的电流方向,实现正反方向旋转。车窗玻璃升降机构用来使车窗玻璃上下移动,它有电动油压式、绳轮式、软轴式和交叉臂式 4 种形式。绳轮式的电动车窗升降器如图 6-26 所示。它通过驱动电动机拉钢丝绳来控制门窗玻璃的升降,电动机的输出部分是一个塑料绳轮,绳轮上绕有钢丝绳,钢丝绳上的滑块带动车窗玻璃,使之沿导轨作上下运动。

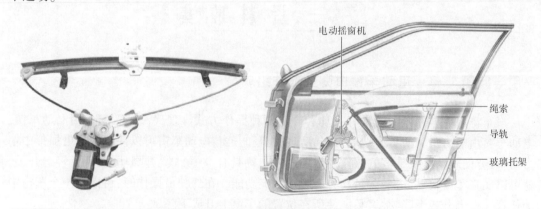

图 6-26　绳轮式电动车窗升降器

引导问题3　电动车窗是怎样控制的?

　　电动车窗工作电路如图6-27所示。车窗开关包括主控开关和车窗开关,主控开关一般安装在驾驶人侧车门扶手上或中控台上,由驾驶人集中操纵所有电动车窗;车窗开关安装在每个车门扶手上,由乘员操纵单个车窗。电动车窗升降器的电动机都通过主控开关搭铁,当接通车窗开关"上"或"下",电动机通电旋转,改变通过电动机电流的方向,可改变电动机转向,使车窗玻璃升起或降下。

　　车窗开关激活后,驾驶人侧车窗电动机为驾驶员侧车窗开关施加12V信号电路,开关关闭时向相应的信号电路提供搭铁并让电压下降至0V。驾驶人侧车窗电动机将检测信号电路中的压降,然后指令车窗向需要的方向移动。驾驶员侧车窗电动机主控开关还包含乘客左前、左后和右后车窗功能的控制开关。当按下车窗开关后,一个串行数据信息将发送至车身控制模块(BCM)。车身控制模块检验该请求并检查是否有来自其他电动车窗电动机的禁止车窗移动的信息。如果没有收到禁止信息,车身控制模块将向相应的乘客侧车窗或后车窗开关发送串行数据信息以按照请求执行指令。

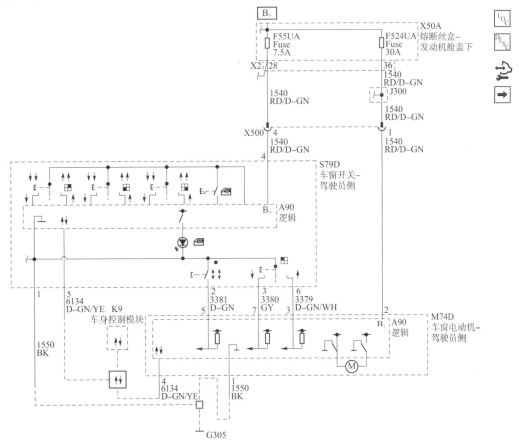

图6-27　电动车窗工作电路示意图(驾驶员侧)

> **引导问题 4** 电动天窗由哪些部件组成？

有些中高档轿车安装了电动天窗。电动天窗开启后，汽车行驶时，车顶气流快速流动，车内形成负压，进行通风换气，气流极其柔和，可使车内空气新鲜。电动天窗的组成如图 6-28 所示。主要部件包括天窗玻璃、电动机及传动机构、天窗开关、遮阳板等。电动天窗由天窗开关控制开启、关闭、倾斜等。

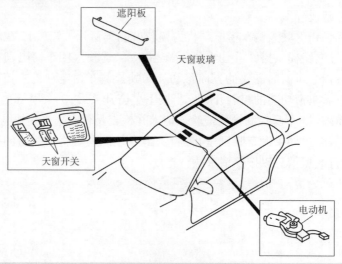

图 6-28　电动天窗组成

> **引导问题 5** 电动车窗有哪些常见故障？

电动车窗常见故障有所有车窗不能升降和个别车窗不能升降。

（1）在检修电动车窗故障前，应在不同方向轻轻摇动车窗玻璃，检查车窗玻璃是否移动阻力过大。如果各个方向能稍微移动，则表明车窗玻璃没有卡住，能正常升降，这样有利于进一步检查。

（2）所有车窗不能升降可能的原因有：蓄电池电压过低、电源电路或搭铁电路有故障。应检查电动车窗熔断丝是否断开、电源线路是否断路或短路、主控开关搭铁是否不良。

（3）个别车窗不能升降可能的原因有：电动车窗熔断丝断开、电动机有故障、车窗开关有故障、线路断路或短路。应检查电动车窗熔断丝是否断开、电动机是否损坏、车窗开关是否损坏、线路是否正常。

> **引导问题 6** 电动车窗不能升降的检测工艺流程有哪些？

科鲁兹轿车主驾驶人侧（左前）电动车窗不能升降，说明电动车窗有故障，应按照规定的检测工艺流程进行故障分析，如图 6-29 所示。

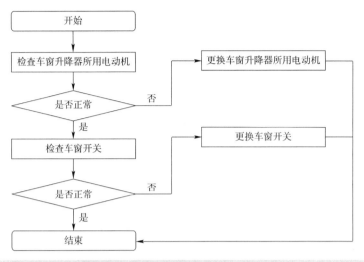

图 6-29　电动车窗不能升降的检测工艺流程

二、实 施 作 业

引导问题 7　检测电动车窗作业需要哪些工具、设备和材料？

（1）扳手、旋具、万用表；
（2）翼子板护裙、转向盘护套、变速杆护套、座椅护套和脚垫；
（3）熔断丝、车窗升降器所用电动机、车窗开关；
（4）2013 款雪佛兰科鲁兹维修手册。

引导问题 8　通过查询资料，填写车辆以下信息。

生产年份_____，车牌号码_____，行驶里程_____km，车辆识别代码（VIN）_____。

引导问题 9　怎样规范地检查车窗升降器所用电动机？

（1）将点火开关置于 OFF（关闭）位置，断开相应的主驾驶人侧 M74D 车窗电动机的线束连接器（见图 6-30）。

（2）在其中一个控制端子和 12V 电压之间安装一条带 25A 熔断丝的跨接线。暂时在其他控制端子和搭铁之间安装一条跨接线。反接跨接线至少 2 次，M74D 车窗电动机应执行"上升"和"下降"功能。

（3）如果车窗电动机没有执行"上升"和"下降"功

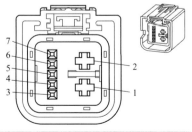

图 6-30　车窗电动机的线束连接器
1～7-端子

能,更换主驾驶人侧 M74D 车窗电动机。如果车窗电动机执行"上升"和"下降"功能,则全部正常。

引导问题10 怎样规范地检查车窗开关?

电动车窗开关检查步骤见表6-5。

电动车窗开关检查步骤   表6-5

序号	开关状态	测量步骤
1	OFF 挡	如图6-31 所示,车窗开关端子 S79D/1 到搭铁端电阻值小于10Ω 为正常
2	ON 挡	车窗开关端子 S79D/4 到搭铁端电压为 B + 正常
3	ON 挡	车窗开关端子 S79D/3 到搭铁端跨接 3A 熔断线(诊断仪数据流:驾驶员侧车窗主控制下降开关"激活")
4	ON 挡	车窗开关端子 S79D/6 到搭铁端跨接 3A 熔断线(诊断仪数据流:驾驶员侧车窗主控制上升开关"激活")
5	ON 挡	车窗开关端子 S79D/5 到搭铁端电压 5~10V 为正常
6	ON 挡	车窗开关端子 S79D/2 到搭铁端跨接 3A 熔断线(诊断仪数据流:驾驶员侧车窗主控制快速开关"激活")

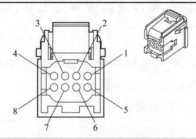

图6-31 车窗开关端子
1~8-端子

三、评 价 反 馈

对本学习任务进行评价,评价项目见表6-6。

评 价 表   表6-6

考核项目	评分标准	分数	学生自评	小组评价	教师评价	小计
活动参与	是否积极主动	5				
安全生产	有无安全隐患	10				
现场5S	是否做到	10				
任务方案	是否合理	15				
操作过程	车窗升降器电动机检查;车窗开关检查	30				

续上表

考核项目	评分标准	分数	学生自评	小组评价	教师评价	小计
任务完成情况	是否圆满完成	5				
工具和设备使用	是否规范、标准	10				
劳动纪律	是否违反	10				
工单填写	是否完整、规范	5				
	总分	100				
教师签名：			年 月 日		得分	

四、学习拓展

1. 填空题

(1) 电动车窗所用电动机使用的是＿＿＿＿＿电动机。

(2) 电动车窗升降器包括＿＿＿＿和＿＿＿＿组成。

2. 简答题

(1) 怎样更换科鲁兹轿车电动车窗升降器？

(2) 查阅资料，说明科鲁兹轿车驾驶人侧(前左)电动车窗自动升降与防夹控制。

项目六　辅助电器系统

学习任务四

电动座椅的检测与维修

学习目标

完成本学习任务后,你应当能:
(1)叙述电动座椅的结构及工作原理;
(2)读懂给定的"检测工艺流程",对测试结果进行分析;
(3)正确地使用工具和设备;
(4)规范地检查电动座椅电路。

 建议完成本学习任务的时间为4课时。

 学习任务描述

一辆雅阁2.3L轿车,车主反映:驾驶人电动座椅不能前后移动调整。需要你对电动座椅电路进行检测,确定故障部位并进行修理。

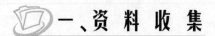

引导问题1 电动座椅由哪些部件组成？

为了适应不同驾驶人、乘员对座椅位置的要求,提高乘坐舒适性,尤其使驾驶人保持正确的坐姿和便于驾驶操作,驾驶人座椅和前排乘客座椅设置了调节装置。座椅一般能进行多部位、多向调整,如前后移动调节、前端上下调节、后端上下调节、靠背倾斜调节、头枕调节等,如图6-32所示。

座椅可采用手动或电动方式进行调整。采用电动调整的座椅,称为电动座椅。电动座椅调整灵活、方便、省力。电动座椅由调节开关和调节装置等组成,其中调节装置包括调节电动机和传动机构,如图 6-33 所示。

电动机多为双向永磁式电动机,其数量取决于座椅调节功能的完善程度,一般有前后垂直、前后水平、靠背倾斜以及头枕和腰垫位置调节等。电动机的数量可以多达 8 个,除保证上述的基本运动外,还可以对头枕高度、座椅长度和扶手位置进行调节。每个电动机都装有断电器,防止线路过载。

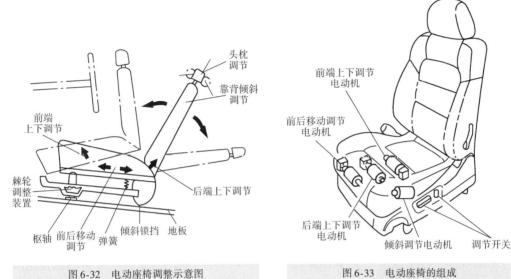

图 6-32 电动座椅调整示意图

图 6-33 电动座椅的组成

引导问题 2　　电动座椅调节装置的结构和工作过程是怎样的?

电动座椅的调整是由调节装置完成的。电动座椅的前后移动调节装置如图 6-34 所示,包括前后移动调节电动机和传动机构,前后调节电动机为双向永磁直流电动机,传动机构由螺杆、螺母、轨道、支架等组成。前后移动调节电动机通电旋转,带动螺杆转动,使螺母在轨道上滑动,座椅便可向前或向后移动,其移动量有 230mm。

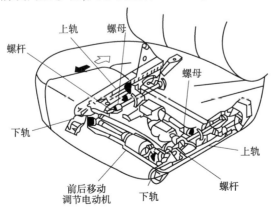

图 6-34 电动座椅前后移动调节装置结构

引导问题3 电动座椅是怎样控制的？

电动座椅工作电路如图6-35所示。调节开关控制调节电动机转动,可实现座椅不同方向的调节。

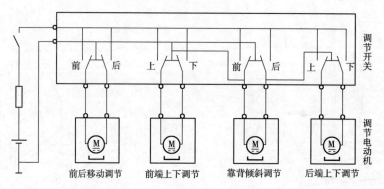

图6-35 电动座椅工作电路

广州本田雅阁2.3L轿车电动座椅电路如图6-36所示。以电动座椅前后移动调节为例,分析电动座椅控制电路,当接通"向前"开关(B2—A5),电流从蓄电池正极→熔断丝42→熔断丝55→熔断丝2→调节开关端子B2→调节开关端子A5→前后移动调节电动机端子2→前后移动调节电动机→前后移动调节电动机端子1→调节开关端子A1→调节开关端子B5→搭铁(G551)→蓄电池负极,前后移动调节电动机转动,座椅向前移动；当接通"向后"开关(B2—A1),电流从蓄电池正极→熔断丝42→熔断丝55→熔断丝2→调节开关端子B2→调节开关端子A1→前后移动调节电动机端子1→前后移动调节电动机→前后移动调节电动机端子2→调节开关端子A5→调节开关端子B5→搭铁(G551)→蓄电池负极,经过前后移动调节电动机的电流方向相反,前后移动调节电动机向相反方向转动,座椅向后移动。

引导问题4 电动座椅有哪些常见故障？

电动座椅常见故障有完全不能调整和某方向不能调整。

(1)电动座椅完全不能调整的可能原因有:熔断丝断开、线路断路或短路、调节开关有故障等。应检查熔断丝是否断开、线路是否正常、调节开关是否损坏。

(2)电动座椅某方向不能调整的可能原因有:线路断路或短路、调节开关有故障、调节电动机有故障等。应检查线路是否正常、调节开关是否损坏、调节电动机是否损坏。

引导问题5 电动座椅不能调整的检测工艺流程是怎样的？

雅阁2.3L轿车电动座椅不能前后移动调整,说明电动座椅有故障,应按照规定的检测工艺流程进行故障分析,如图6-37所示。

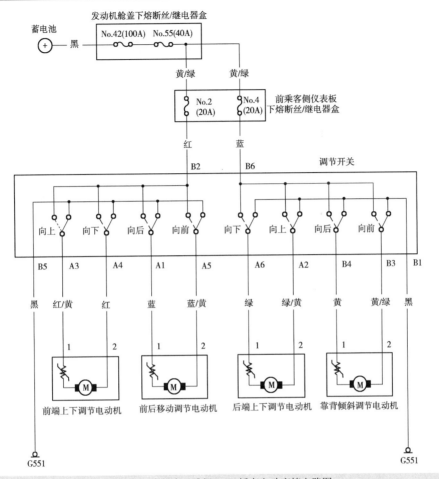

图 6-36 广州本田雅阁 2.3L 轿车电动座椅电路图

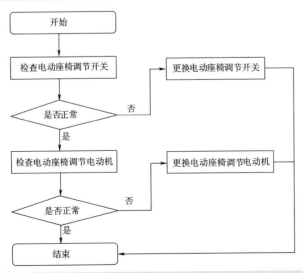

图 6-37 电动座椅不能调整的检测工艺流程

二、实 施 作 业

引导问题6 检测电动座椅作业需要哪些工具、设备和材料?

（1）扳手、旋具、万用表；
（2）翼子板护裙、转向盘护套、变速杆护套、座椅护套和脚垫；
（3）调节电动机、调节开关；
（4）广州本田雅阁轿车维修手册。

引导问题7 通过查询资料,填写车辆以下信息。

生产年份_____,车牌号码_____,行驶里程_____km,车辆识别代码（VIN）_____。

引导问题8 怎样规范地检查电动座椅调节开关?

（1）拨出调节开关的按钮,拆下开关罩,拔下调节开关的两个插头,从开关罩上拆下调节开关,如图 6-38 所示。

（2）调节开关端子如图 6-39 所示。用万用表电阻挡检查调节开关（前后移动调节开关）的导通情况,见表 6-7。如果符合要求,则表明调节开关正常。如果不符合要求,则表明调节开关损坏,应更换调节开关。

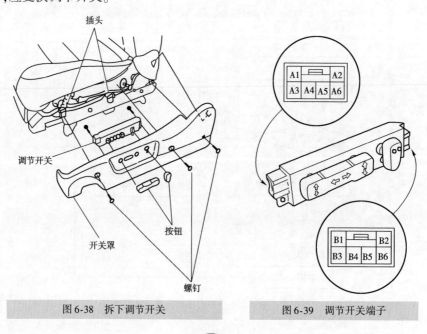

图 6-38　拆下调节开关　　　　图 6-39　调节开关端子

检查调节开关导通情况　　　　　　　　表6-7

调节开关位置	调节开关对应端子	是 否 导 通
接通向前移动调节	A1—B5、A5—B2	导通
接通向后移动调节	A1—B5、A5—B5	导通

（3）插上电动座椅调节开关插头，检查电动座椅前后调整是否恢复正常。如果仍不能调整，则检查调节开关至前后移动调节电动机之间线路或前后移动调节电动机。

（4）装上调节开关、开关罩和按钮。

引导问题9　怎样规范地检查电动座椅调节电动机的运转情况？

（1）拆下调节开关罩，拔下调节开关的两个插头。

（2）调节电动机插头端子如图6-40所示。用蓄电池直接向前后移动调节电动机供电，检查前后移动调节电动机运转情况，见表6-8。如果符合要求，则表明前后移动调节电动机工作正常。如果前后移动调节电动机不运转，则检查前后移动调节电动机或前后移动调节电动机与调节开关之间的线路故障。

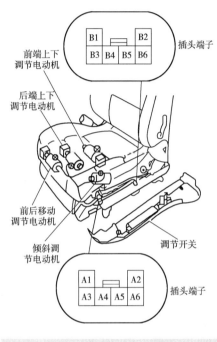

图6-40　调节开关插头端子

检查调节电动机运转情况　　　　　　　　表6-8

接蓄电池正极端子	接蓄电池负极端子	前后调节电动机是否运转
A5	A1	是（向前）
A1	A5	是（向后）

（3）拆下驾驶人座椅轨道端盖，拧下驾驶人座椅的固定螺栓（图6-41中黑三角），拆开座椅线束和线束夹，拆下驾驶人座椅，如图6-41所示。

（4）拔下前后移动调节电动机插头，检查前后移动调节电动机工作是否正常。如果前后移动调节电动机损坏，则更换前后移动调节电动机。如果前后移动调节电动机工作正常，则检查前后移动调节电动机与调节开关之间导线是否断路。

（5）装上驾驶人座椅（螺栓拧紧力矩为34N·m）。

（6）装上调节开关罩。

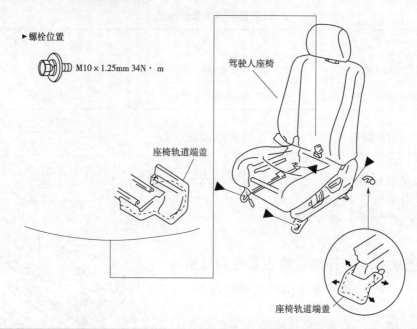

图 6-41　拆下驾驶人座椅

三、评价反馈

对本学习任务进行评价，评价项目见表6-9。

评 分 表　　　　　　　　表6-9

考核项目	评分标准	分数	学生自评	小组评价	教师评价	小计
活动参与	是否积极主动	5				
安全生产	有无安全隐患	10				
现场5S	是否做到	10				
任务方案	是否合理	15				
操作过程	电动座椅调节开关检查；电动座椅调节电动机检查	30				
任务完成情况	是否圆满完成	5				
工具和设备使用	是否规范、标准	10				
劳动纪律	是否违反	10				
工单填写	是否完整、规范	5				
总分		100				
教师签名：				年　月　日	得分	

四、学习拓展

1. 填空题

(1)电动座椅由_____、_____、滑动螺杆、连杆机构和_____组成。

(2)电动座椅的电动机多为_____。

2. 判断题

(1)电动座椅不能调节头枕高度。　　　　　　　　　　　　　　　(　　)

(2)电动座椅中电动机数量最多为 8 个。　　　　　　　　　　　　(　　)

项目六 辅助电器系统

学习任务五

电控门锁的检测与维修

学习目标

完成本学习任务后,你应当能:
(1)掌握电控门锁功能;
(2)了解电控门锁的组成和分类;
(3)掌握电控门锁的工作原理;
(4)掌握电控门锁的故障诊断方法;
(5)能分析电控门锁的工作电路;
(6)能够诊断与排除电控门锁的常见故障。

 建议完成本学习任务的时间为 **8 课时**。

 学习任务描述

　　李师傅有辆雪佛兰科鲁兹,准备驾驶车辆出去办事,但是发现驾驶人侧门锁工作不正常,驾驶人侧车门打不开,请问:李师傅这辆车导致门锁不正常的原因是什么?怎么样解决这个问题?你将通过以下方面的学习,为李师傅排忧解难。

 一、资料收集

引导问题 1 中控门锁的功用是什么?

　　中控门锁是指通过设在驾驶(副驾驶)人侧车门上的开关或通信设备,同时控制车门的关闭与开启的一种装置。随着计算机技术的发展,中控门锁控制系统不断向网络化、集成化的方向发展。

以雪佛兰科鲁兹车型为例,汽车中央控制门锁系统具有钥匙联动开闭车门和钥匙占用预防功能。根据不同车型、等级和使用地区,门锁装置具有各种不同的功能。

1)中央控制

当驾驶人锁住车门时,其他车门均同时锁住;驾驶人也可通过门锁开关打开所有门锁。

2)速度控制

当车速达到一定数值时,能自动将所有的车门锁锁定(有的车型无此功能)。

3)单独控制

为了方便,除中央控制外,乘员仍可利用车门的机械式弹簧锁开关车门。

4)两级开锁功能

许多车辆具有钥匙联动开锁功能,其中的一级开锁操作,只能以机械方法将钥匙插入的门锁。二级开锁操作,则同时打开其他车门锁。一般来说,所有车门可以通过前右或前左侧门上的钥匙来同时关闭和打开。

5)钥匙占用预防功能

若已经执行了锁门操作,而钥匙仍然插在点火开关内,则所有的车门会自动打开。

6)安全功能

当钥匙已经从点火开关中拔出而且车门也锁住时,车门不能用门锁控制开关打开。

7)后车门儿童安全锁止功能

防止车内儿童擅自打开车门,只有当中央门锁系统在"开锁"状态时,儿童安全锁闩才能退出。有的车锁是当儿童安全锁闩拨到锁止位置时,在车内用内锁扣不能开门,而在车外用外锁扣可以开门。

配合防盗系统,实现汽车防盗。

引导问题2 中控门锁由哪些部件组成?

中控门锁由门锁控制开关、门锁总成、钥匙操纵开关、油箱盖门锁、行李舱门锁等组成。雪佛兰科鲁兹轿车门锁组成示意如图6-42所示,门锁总成示意如图6-43所示。

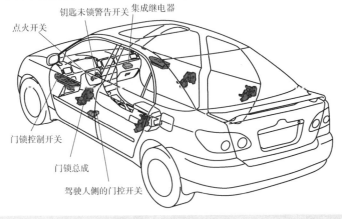

图6-42 门锁组成示意图

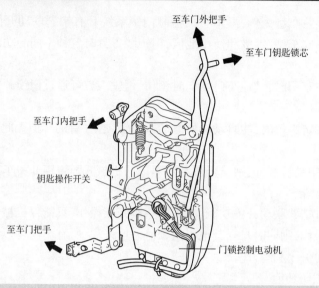

图 6-43 门锁总成

门锁开关用于触发中央门锁系统各车门和行李舱盖锁止或开启。当驾驶人给予开关座一定信号(锁止或开启)时,通过触点板即可接通门锁执行机构的电路,通过门锁控制电动机运转(或电磁线圈吸拉)将门锁锁止或开启。门锁位置开关工作情况如图 6-44 所示,车门门锁及其传动机构如图 6-45 所示。

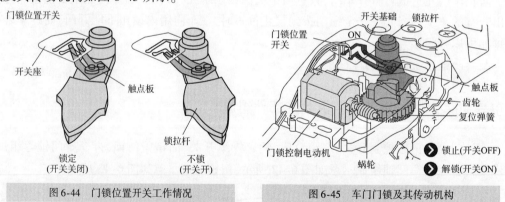

图 6-44 门锁位置开关工作情况　　　图 6-45 车门门锁及其传动机构

引导问题3　所有车型中控门锁是否都一样?

在我们家用防盗门中,有很多种防盗锁,比如:有机械的,有数字的,有指纹的,还有面部识别的。同样在我们汽车中也有不同的门锁,具体大致分为以下几类:

(1)按键式电子锁;

(2)拨盘式电子锁;

(3)电子钥匙式电子锁;

(4)触摸式电子锁;

(5)生物特征式电子锁。

引导问题4　中控门锁是什么样的结构?

1 汽车电子门锁的结构

汽车电子门锁由控制部分和执行机构两部分组成。

(1)控制部分。控制部分包括编码器、输入器、存储器、鉴别器、驱动级、抗干扰电路、显示装置、保护装置和电源等部分。

(2)执行机构。汽车电子门锁的执行机构一般采用微机电动机控制。

电动机式自动门锁。该锁由可逆式电动机、传动装置及锁体总成构成。其工作原理如下:由电动机带动齿轮、齿条副或螺杆、螺母副进而驱动锁体总成,驱动车门的锁闭或开启。

2 汽车遥控门锁的组成

遥控门锁是在一定距离内完成车门的打开及锁止。遥控门锁系统不但能控制驾驶人侧车门,还可控制其他车门和行李舱门。

遥控门锁是由发射器、接收器、门锁遥控控制组件(ECU)、门锁控制组件以及执行器等组成。

发射器又称为遥控器,其作用是利用发射开关发射规定代码的无线遥控信号,控制驾驶人侧车门、其他车门、行李舱门等的开启和锁止,且具有寻车功能。发射器分为组合型(发射器与点火钥匙合二为一)和分开型两种。图6-46为雪佛兰科鲁兹组合式钥匙。

图6-46　雪佛兰科鲁兹组合式钥匙

引导问题5　中央门锁控制原理是什么?

以雪佛兰科鲁兹为例,根据电路图分析中控门锁的工作原理,如图6-47执行器示意图、图6-48开关控制示意图所示。

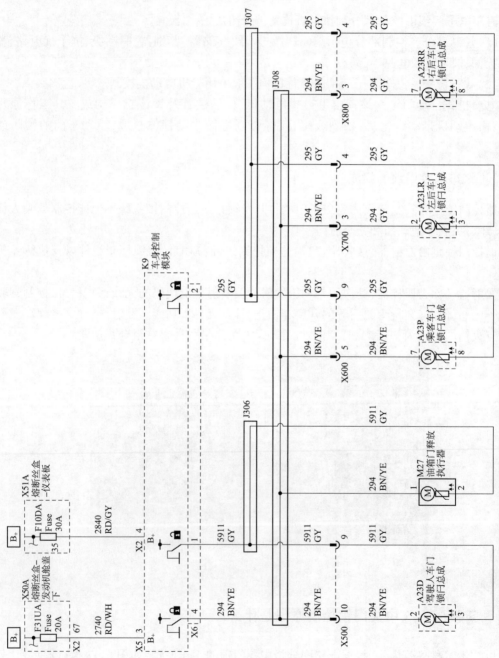

图6-47 门锁/指示灯执行器示意图

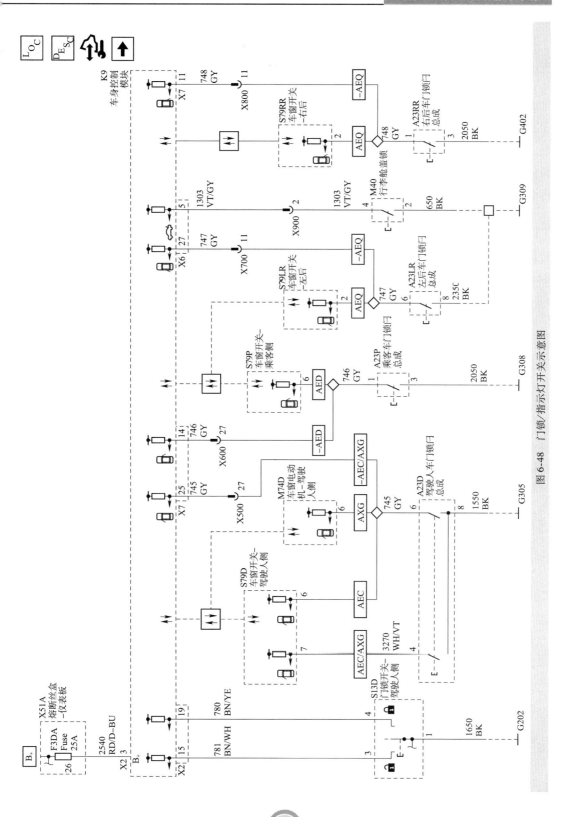

图 6-48 门锁/指示灯开关示意图

1 手动车门锁定/解锁功能

当门锁开关在锁定或解锁位置时，车身控制模块将在门锁开关锁定或解锁信号电路上接收到一个搭铁信号。

K9 车身控制模块接收到锁定或解锁信号指令后，将向门锁执行器锁定或解锁控制电路提供蓄电池电压。由于锁止执行器通过其他锁止执行器控制电路连接至搭铁，驱动车门及释放系统电动机，所有车门、燃油加注口门和车门将按指令进行锁止或解锁。达到锁定/解锁的功能。

2 驾驶人车门钥匙锁定/开锁功能

当钥匙插入驾驶人侧车门钥匙孔并沿锁定/解锁方向转动时，钥匙操作开关转向锁定/解锁侧，车门锁定/解锁信号被传输到 K9 车身控制模块，K9 接收到锁定或解锁信号指令后（与手动锁定/解锁操作相同），按指令进行锁止或解锁。

3 行李舱释放系统锁定/开锁功能

车身控制模块监视行李舱盖车外释放开关的电压信号，因此，当按下该开关时信号电路的电压被拉低，然后车身控制模块将检测电压降和检查门锁系统的状态。如果车门被锁止，车身控制模块将忽略行李舱盖车外释放开关；如果车门解锁，车身控制模块将识别请求并提供电压至行李舱盖继电器。

当车身模块接收到行李舱盖车外释放开关发出的行李舱盖释放指令时，车身控制模块提供短暂的脉冲电压至行李舱盖释放继电器控制电路，使继电器的线圈侧通电。行李舱盖释放继电器的开关侧瞬时关闭，提供短暂的蓄电池正极脉冲电压至行李舱盖锁。行李舱盖锁持续搭铁并在接收到电压脉冲时通电，锁闩将启动并释放行李舱盖以手动升起行李舱盖至打开位置。

引导问题6　怎样去检测中央门锁各部件？

1 门锁控制开关的检修

根据开关的工作原理，用万用表测量开关在不同位置时的工作状态，以判断开关的好坏，然后做相应的修理。

2 释放系统控制继电器的检修

门锁控制继电器一般是由电子电路控制的继电器，它包括控制电路和继电器两个部分，为门锁执行器提供脉冲工作电流，也称门锁定时器。

门锁控制继电器的检修可根据其工作原理，测量其输出状态，从而判断是否有故障，然后做相应的处理。

3 门锁执行器的检修

门锁执行器有电磁线圈机构、直流电动机等类型。不论是哪种类型的执行器,都可以用直接通电方法检查其工作状态是否有开锁和闭锁两种状态,从而判断是否损坏。

二、实 施 作 业

引导问题7 电控门锁的检修作业需要哪些工具和设备?

(1)工具:扳手,试灯,内饰翘板,卡扣拔取器,一字和十字螺丝刀,钳子;
(2)设备:万用表,诊断盒,诊断电脑;
(3)安全环保装置:翼子板护裙、转向盘护套、变速杆护套、座椅护套和脚垫;
(4)雪佛兰科鲁兹轿车维修手册。

引导问题8 作业前的准备工作有哪些?

(1)汽车进入工位前,将工位清理干净,准备好相关器材;
(2)将汽车停放在工位上;
(3)拉紧驻车制动器操纵杆;
(4)套上转向盘护套、变速杆护套、座椅护套、铺好脚垫;
(5)在车内拉动发动机舱盖开启手柄,在车外打开并支撑发动机舱盖,如图6-49所示;
(6)粘贴翼子板护裙,如图6-50所示。

图6-49 支撑发动机舱盖

图6-50 粘贴翼子板护裙

引导问题9 诊断驾驶人侧门锁不工作的原因

(1)将点火开关置于ON(打开)位置;
(2)当门锁开关在锁止和解锁之间切换时,确认故障诊断仪"BCM Central Door Lock

Switch on Console(车身控制模块控制台中央门锁开关)"参数从"Inactive(未启动)"变化为"Lock(锁止)"和"Unlock(解锁)"。如果参数未变化,参见"电动门锁故障";

(3)当用故障诊断仪指令"所有车门锁定/解锁"时,确认所有车门"锁定"和"解锁"。如果仅驾驶人侧车门"锁定"或"解锁"功能不工作,参见"电路/系统测试—驾驶人侧车门锁故障"。

电路/系统测试驾驶人侧车门锁故障:

(1)将点火开关置于"OFF(关闭)"位置,断开A23D驾驶人侧车门锁闩总成的线束连接器。将点火开关置于ON(打开)位置。

注意:控制电路和搭铁之间连接的数字万用表保持超过20s将会导致K9车身控制模块将测试解释为系统故障,并且导致控制电路上的电压降到0V。如果电压降到0V,则使用中央门锁开关来操作门锁以恢复测试电压。

(2)测试控制电路端子7和搭铁之间的电压是否高于7V。

①如果为7V或更低,将点火开关置于"OFF(关闭)"位置,断开K9车身控制模块的X6线束连接器,测试控制电路和搭铁之间的电阻值是否为无穷大。

如果电阻值不为无穷大,则修理电路对搭铁短路。

如果电阻值为无穷大,测试控制电路端对端电阻值是否小于2Ω。若等于或大于2Ω,则修理电路上的开路/电阻过大。若小于2Ω,则更换K9车身控制模块。

②如果高于7V,则测试或更换A23D驾驶人侧车门锁闩总成。

引导问题10 诊断乘客车门门锁不工作的原因

(1)将点火开关置于ON(打开)位置。

(2)当门锁开关在锁止和解锁之间切换时,确认故障诊断仪"BCM Central Door Lock Switch on Console(车身控制模块控制台中央门锁开关)"参数从"Inactive(未启动)"变化为"Lock(锁止)"和"Unlock(解锁)"。如果参数未变化参见"电动门锁故障"。

(3)当用故障诊断仪指令"所有车门锁定/解锁"时,确认所有车门"锁定"和"解锁"。如果一个或多个车门该功能不工作,但不是所有,则乘客车门"锁定"或"解锁"功能不工作,参见"电路/系统测试—乘客车门锁故障"。

电路/系统测试乘客车门门锁故障:

(1)将点火开关置于OFF(关闭)位置,断开相应的乘客车门或A23后车门锁闩总成的线束连接器,将点火开关置于ON(打开)位置。

注意:控制电路和搭铁之间连接的数字万用表保持超过20s将会导致K9车身控制模块将测试解释为系统故障,并且导致控制电路上的电压降到0V。如果电压降到0V,则使用中央门锁开关来操作门锁得以恢复测试电压。

(2)测试下列控制电路端子和搭铁之间的电压是否高于7V:

①A23P乘客车门锁闩总成控制端子7;

②A23P乘客车门锁闩总成控制端子8;

③A23RR 右后车门锁闩总成控制端子 7；
④A23RR 右后车门锁闩总成控制端子 8；
⑤A23LR 左后车门锁闩总成控制端子 2；
⑥A23LR 左后车门锁闩总成控制端子 3。

如果为 7V 或更低，则将点火开关置于"OFF（关闭）"位置，断开 K9 车身控制模块的 X6 线束连接器，测试控制电路和搭铁之间的电阻值是否为无穷大。若电阻值不为无穷大，则修理电路对搭铁短路。若电阻值为无穷大，则再测试控制电路端对端电阻值是否小于 2Ω，如果等于或大于 2Ω，则修理电路上的开路/电阻过大；如果小于 2Ω，则更换 K9 车身控制模块。

如果上述测试电压高于 7V，则测试或更换 A23 车门锁闩总成。

三、评价反馈

对本学习任务进行评价，评价项目见表 6-10。

评 分 表　　　　　　　　　　　表 6-10

考核项目	评分标准	分数	学生自评	小组评价	教师评价	小计
活动参与	是否积极主动	5				
安全生产	有无安全隐患	10				
现场 5S	是否做到	10				
任务方案	是否合理	15				
操作过程	诊断驾驶员侧门锁不工作的原因；诊断乘客车门门锁不工作的原因	30				
任务完成情况	是否圆满完成	5				
工具和设备使用	是否规范、标准	10				
劳动纪律	是否违反	10				
工单填写	是否完整、规范	5				
总分		100				
教师签名：				年　月　日	得分	

四、学习拓展

1. 填空题

(1) 汽车电子门锁由_____和_____两部分组成。

(2) 中控门锁由_____、_____、_____、_____、行李舱盖门锁等组成。

2. 简答题

(1) 简述中控门锁原理。

(2) 如果所有车门都无法正常开启,可能出现的原因是什么?结合维修手册和电路图,分析故障出现的原因并写出诊断流程。

学习任务六

音响系统的检测与维修

学习目标

完成本学习任务后,你应当能:
(1) 叙述音响装置的作用、组成及工作原理;
(2) 正确地使用工具和设备;
(3) 规范地检查维修音响装置。

 建议完成本学习任务的时间为 4 课时。

 学习任务描述

一辆雪佛兰科鲁兹轿车,车主反映:车载音响装置不工作。需要你对车载音响装置的电路进行检测,确定故障部位并进行维修。

一、资料收集

引导问题 1 ▶ 音响装置的作用有哪些?它有哪些类型?

汽车音响是指在车厢内声源与车厢所形成的听音效果。汽车音响一般有两种风格:音质型、强劲型。前者追求音乐的纯正、高保真,也称欧洲风格。后者追求最大动态范围:大声压、大音量,也称美洲风格。两者因人而异,各有所好。

原装音响:这类产品是各大汽车制造厂根据不同车型的特点而要求汽车制造商为其量身定制。其特点是外观和汽车内饰融为一体,且安装稳固,但其功能多数较为简单,所使用的音响器材大多属于中档类,这主要受汽车制造成本所限制。

改装音响:另一类是市场所供应的、用于后改装的各大品牌汽车音响产品,其特点是个

项目六 辅助电器系统

性化极强,产品档次繁多,能适应不同层次消费的需要,但同时也受汽车预留安装尺寸的影响。

引导问题2 汽车音响装置由哪些部件组成?

汽车音响装置就是在车辆中与音响有关的装置,其中包括:音源(主机)、功率放大器、扬声器、分音器、均衡器、电容、线材等辅助设备及材料。

1 音源(主机,如 CD、VCD、DVD、MP3)

能够置放影音软件的音响设备,并具备将影音软件内存资料解读成音响系统能够运作信号的设备,皆称作"音源"。

2 功率放大器(简称功放,有 2 路、4 路之分)

俗称"扩音机",是音响系统中最基本的设备,它的作用是把来自信号源的微弱电信号进行放大以驱动扬声器发出声音。一般主机带有内置功放,但其功率较小,不能满足高品质音响需求,所以车辆需要外置功放来达到高品质的音响效果。

图 6-51 汽车音响扬声器

3 扬声器(喇叭)

扬声器如图 6-51 所示,是车载音响发声单元,在整个音响系统中起到决定性作用,甚至会影响整个音响系统的风格。汽车音响改装中,更换主机及喇叭是最常见、最基本的改装。

二、实 施 作 业

引导问题3 如何对扬声器进行检修?

1 扬声器的分类

(1)扬声器按播放频率分:全频喇叭、高音喇叭、中音喇叭、低音喇叭。
(2)按尺寸分(常见为英寸):4in、5in、6in、4×6in、6×9in 等。
低音喇叭有:10in、12in 等。
(3)按性能分:同轴喇叭、套装喇叭。

2 扬声器的电路原理

扬声器是由线材、熔断器、电容、分音器、均衡器等组成,收音机扬声器电路如图 6-52 所示。当整机处于收音状态时,开关 S 的 1、3 脚触点接通收音电路开始工作,输出的音频信号经音量音调平衡调整控制电路控制后送至功放电路。当开关 S 的 2、3 脚触点接通时,放音电路工作,输出的磁带放音信号经音量音调平衡调整控制电路控制后送至功放电路。

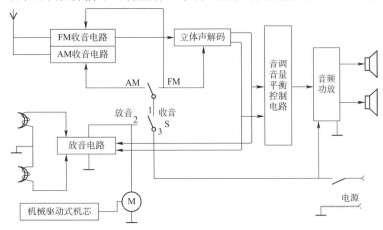

图 6-52 收音机扬声器电路

扬声器安装不当或装饰件松动可能会产生嗡嗡声或导致失真。检查相应的扬声器和周围的内饰是否安装正确且牢固。如果发现扬声器或周围的内饰松动或安装不当,则将其正确安装。如图 6-53 为收音机前置扬声器的更换。

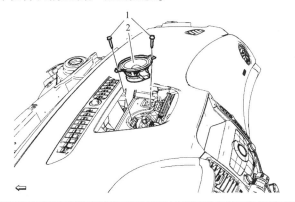

图 6-53 收音机前置扬声器的更换
1-收音机前置扬声器固定螺栓;2-收音机前置扬声器

引导问题 4　如何对汽车音响进行维护?

1 主机的维护

现今大部分的车辆都装备了 CD 播放机。高温和潮湿会直接损害激光头的使用寿命,所以在骄阳肆虐时,为了避免太阳光的直射,最好使用遮阳板遮挡一下烈日。

由于夏季空气潮湿,很容易造成 CD 盘上结雾,潮湿的 CD 盘如果直接进入主机会令激光头读取速度跟不上,同时电器元件受潮,严重了还会造成激光头损伤。潮湿和高温是电子组件和激光头老化的主要元凶。

在车经过阳光暴晒后不宜马上将音响的音量调大,因为电子系统的工作状况是会随温度而发生变化的,立即调大音量不仅会损伤喇叭等电器,而且还会影响主机的使用寿命。

激光头的另一天敌就是灰尘。虽然汽车音响在设计过程中已经考虑了防尘的问题,但由于国内路况千差万别,防尘问题依然重要。在路况环境较差时,车主应及时关闭车窗,平时还应注意车内的清洁。

车用 CD 机多采用碟片吸入式设计。只需将 CD 唱碟片放在入口处,机械结构会自动将碟片吸入。有些车主不了解这一结构,经常用手将碟片推入,这样不仅会损坏碟片,严重时还会损坏机内的托盘结构。

2 喇叭维护

防尘:灰尘的伤害不可避免,但是我们能尽量降低其伤害程度。做好车门密封,在行车过程中路面灰尘多,应尽量关闭车窗。音响主机上若有灰尘,可以用拧干的毛巾进行擦拭。并且,清洗完驾驶室之后,最好开窗一段时间,让车内大部分水分蒸发后再关闭车窗,这样就可以很好地避免潮湿了。当车在灰土路上行驶时,尽量不要开窗,以避免大量灰尘从车外涌入车内,并且,最好将空调的外循环调整为内循环。

防潮:水是电器最为害怕的东西。应经常检查车窗密封条是否封严实,若没有封严,在洗车或是雨天水从车门进入流到喇叭,轻则损坏喇叭,重者烧毁主机电路。洗车时关闭车窗,洗完后打开车窗,流通空气蒸发车内水分。音响受潮后则会发出"嗞嗞嗞"的声音,严重影响视听效果。

防剧烈振动:剧烈振动会导致音响内部零件松动或是损毁。在清洁音响是切勿大力拍打音响来抖落灰尘,在路况不好的情况下应低速平稳行驶,既能保护车辆和音响又保证安全。

3 碟片维护

碟片不要放在仪表台上。炎热的夏天,碟片在烈日的暴晒下很容易发生变形。碟片在长时间不用后会有灰尘和划痕,在擦拭碟面灰尘时要沿着与音频轨迹垂直的方向擦拭。在使用主机时一定要选择质量好的正版碟片。因为盗版碟片经常会有碟面不平或碟孔不圆的情况,在播放时这些隐患都会导致激光头产生跳点等故障,直接损害激光头的寿命。

对于音响的磁带部分,同样应注意避热防潮。过高的温度会使磁带发生变形,放进主机时发生卡带现象。如果磁带上面的目录签翻起来了,不如索性将其撕掉,否则会造成退不出磁带的故障。在长时间不听或处于关机状态时,最好将磁带退出,因为关机时压带轮会暂时压住磁带,时间长了会导致压带轮变形。

三、评价反馈

对本学习任务进行评价,评价项目见表6-11。

评 分 表　　　　　　　　　表 6-11

考核项目	评分标准	分数	学生自评	小组评价	教师评价	小计
活动参与	是否积极主动	5				
安全生产	有无安全隐患	10				
管理5S	是否做到	10				
任务方案	是否合理	15				
操作过程	扬声器检修；汽车音响维护	30				
任务完成情况	是否圆满完成	5				
工具和设备使用	是否规范、标准	10				
劳动纪律	是否违反	10				
工单填写	是否完整、规范	5				
总分		100				
教师签字：			年　月　日		得分	

四、学习拓展

1. 填空题

(1) 扬声器是由_____、_____、_____、_____、均衡器等组成。

(2) 可以从_____、_____等地方对汽车音响进行维护。

2. 简答题

(1) 汽车音响的种类有哪些？

(2) 请查阅资料，说明雪佛兰科鲁兹轿车音响的控制。

项目六 辅助电器系统

学习任务七

汽车空调的检测与维修

学习目标

完成本学习任务后,你应当能:
(1)掌握汽车空调的功用与组成;
(2)掌握制冷循环原理;
(3)熟悉汽车空调操纵机构的结构与工作原理;
(4)能够在实车上识别空调系统各部件的安装位置;
(5)能够正确地使用空调系统;
(6)能对汽车空调进行简单的维修。

 建议完成本学习任务的时间为 **8** 课时。

 学习任务描述

在炎热的夏天,坐在一辆没有空调的车内估计是一件很刺激的事情,如果一辆汽车的空调系统出现了故障,可想而知,它和没有空调的车辆就别无二样了。那么,汽车空调系统是如何工作的呢?如何对其正确的使用与维护可以避免故障的发生?通过下面的学习我们就会得到答案。

现在有一辆雪佛兰科鲁兹轿车,需要你通过资料收集、小组分工、实车实验等学习对汽车空调进行全面的了解,参考维修手册等技术资料,对汽车空调进行维护和检测。

一、资料收集

引导问题1 空调对于我们汽车有什么重要性?

汽车空调的功能是通过人为的方式创造一个对人体适宜的环境,提高汽车的舒适性。

汽车空调系统具有对车内的温度、湿度、气流速度进行调节和净化空气的功能。如图 6-54 为汽车在不同环境下行驶,只能通过空调调节车内温度、湿度等。除此之外,汽车空调还能除去风窗玻璃上的雾、霜、冰、雪,给驾驶员一个清晰的视野,降低驾驶员的疲劳强度,提高行车安全,空调装置已成为衡量汽车功能是否齐全的标志之一。

图 6-54 汽车在不同环境下行驶

(1)调节车内温度。调节车内温度是汽车空调的基本功能,汽车空调在冬季利用其采暖装置提高车内温度,轿车和中小型汽车以发动机冷却液作为暖风的热源,而大客车采用独立式加热器作为暖风热源。在夏季,汽车空调利用其制冷装置降低车内空气温度。

(2)调节车内的湿度。普通汽车空调一般不具备这种功能,只能高级豪华汽车采用冷暖一体化空调器,才能对车内的湿度进行适量调节。它通过制冷装置冷却降温去除空气中的水分,再由采暖装置升温以降低空气的相对湿度。在汽车上目前还没有安装加湿装置,只能通过打开车窗或通风设施,靠车外新风来调节。

(3)调节车内空气流动。空气的流速和方向对人体舒适性影响很大。夏季,气流速度稍大,有利于人体散热降温。冬季,风速大了会影响人体的保温,因而冬季采暖希望气流速度尽量小一些。

(4)过滤净化车内空气。由于车内空间小,乘员密度大,车内极易出现缺氧和二氧化碳浓度过高的情况。汽车发动机废气中的一氧化碳和道路上的粉尘、野外有毒的花粉都容易进入车内,造成空气污浊,影响乘员的身体健康,因此必须要求汽车空调具有补充车外新鲜空气、过滤和净化车内空气的功能。

引导问题 2　汽车空调由哪几个系统组成?

一般的汽车空调系统是由制冷系统、暖风系统和通风系统组成的,除此之外,还有空气净化系统和控制系统。

1 制冷系统

如图 6-55 所示,制冷系统主要由压缩机、冷凝器、储液干燥器、膨胀阀、蒸发器、鼓风机、风扇、高低压管路、控制装置等组成。制冷系统的作用是对车内的空气或由外部进入车内的新鲜空气进行冷却或除湿,是车内的空气变得凉爽舒适。

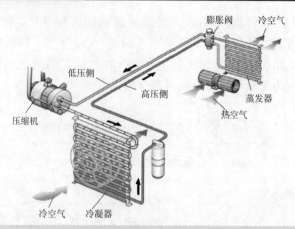

图 6-55 空调制冷系统

2 暖风系统

如图 6-56 所示,暖风系统由暖风散热器和导风管等部分组成。暖风系统主要用于取暖,对车内的空气或由外部进入车内的新鲜空气进行加热,达到取暖、除湿的目的。

汽车空调的供暖工作过程是:水泵使发动机冷却水经暖风散热器循环流动,流经暖风散热器的冷却水将热量传递给暖风散热器附近的空气,通过鼓风机的作用将暖风送入车内取暖或用于风窗除霜。

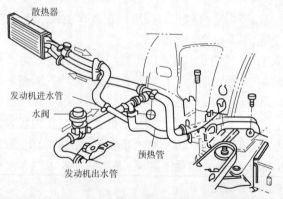

图 6-56 空调暖风系统

3 通风系统

空调通风系统如图 6-57 所示,该系统主要是由鼓风机、空气进气口、配气出风口、送风管道等组成的。

通风系统将外部新鲜空气吸进车室内,起到通风和换气作用。同时对防止风窗玻璃起雾也有着重要的作用。

4 空气净化系统

汽车空调空气净化系统通常有空气过滤式和静电除尘两种。空气过滤式空气净化系统在空调系统的进风口和回风口处设置空气滤清装置。它仅能滤除空气中的灰尘和杂物,结构简单,工作可靠,只需定期清理过滤网上的灰尘和杂物即可,故广泛用于各种汽车空调系统中。

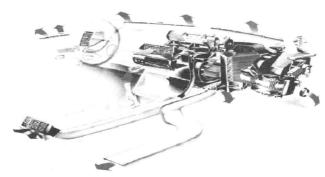

图 6-57　空调通风系统

静电除尘式空气净化系统则是在空气进口的过滤器后再设置一套静电除尘装置或单独安装一套用于净化车内空气的静电除尘装置。

5　控制系统

控制系统是由温度传感器、控制单元、进气执行器、电磁离合器等组成。其作用是对制冷系统和暖风系统的温度、压力进行控制,同时对车内空气的温度、风量、流向进行控制,完善了空调系统的正常工作。图 6-58 所示为汽车空调控制系统示意图。

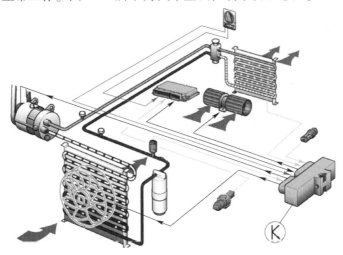

图 6-58　汽车空调控制示意图

引导问题 3　　汽车空调运行中有哪些特点?

汽车空调是以消耗发动机的动力来调节控制车内环境的。了解汽车空调特点,有利于汽车空调的使用和维修。汽车空调主要有如下特点:

1 抗冲击能力强

汽车空调安装在运动中的车辆上,承受剧烈、频繁的振动和冲击,因此汽车空调的各个零部件应有足够的强度和抗振能力,接头牢固并防漏。汽车空调制冷系统极容易发生制冷剂的泄漏,破坏整个空调系统的工作条件,甚至破坏制冷系统的部件,如压缩机。所以,各部件的连接要牢固。

2 动力源多样化

空调系统所需的动力来自发动机。轿车、轻型汽车、中小型客车及工程机械,其空调所需的动力和驱动汽车的动力都来自同一发动机,这种空调系统叫非独立式空调系统;对于大型客车和豪华型大中客车,由于所需制冷量和暖气量大,一般采用专用发动机驱动制冷压缩机和设置独立的采暖设备,故称之为独立式空调系统。非独立式空调系统,会影响汽车的动力性能,但比独立式在设备成本和运行成本上都经济。汽车安装了非独立式空调后,耗油量平均增加10%～20%(和汽车的行驶速度有关),发动机的输出功率减少10%～12%。非独立式汽车空调的采暖系统一般利用发动机的冷却液。独立式空调系统则采用独立采暖燃烧器。

3 制冷、制热能力强

要求汽车的制冷、制热能力大,其原因在于:
(1)车内乘员密度大,产生热量多,热负荷大,而冬天人体所需的热量也大。
(2)汽车为了减轻自重,隔热层薄;汽车的门窗多、面积大,所以汽车隔热性能差,热量流失严重。
(3)汽车都在野外工作,直接接受太阳的热、霜雪的冷、风雨的潮湿,环境恶劣,千变万化。要使汽车空调能迅速地降温,在最短的时间里达到舒适的环境,要求制冷量特别大。

非独立式空调系统,由于汽车发动机的工况变化频繁,所以,制冷系统的制冷剂流量变化大。例如,汽车高速运动时,发动机的转速高达6000r/min,而在怠速时才600～700r/min。两者相差10倍之多,这导致压缩机输送的制冷剂变化大。制冷剂流量变化大,导致汽车空调设计困难,制冷效果不佳,而且会引起压力过高或压缩机的液击现象而发生事故。

4 结构紧凑、质量小

由于汽车本身的特点,要求汽车空调结构紧凑,能在有限的空间进行安装,而且安装了空调后,不至于使汽车增重太多,影响其他性能。

引导问题4 汽车空调有哪些种类?

汽车空调按照控制程度可分为手动空调、半自动空调和自动空调3种。

1 手动空调

在电子控制的手动空调系统中,进气源、空气温度、空气分配及鼓风机速度等功能都是驾驶员通过操纵手动控制面板的旋钮、按钮和拨杆,借助拉索进行调节手动选择的。大多数经济型轿车都采用旋钮式的手动空调。典型的手动空调控制面板如图6-59所示。

手动空调的优点:成本低廉,机械式操纵机构简单、可靠、操作简单。

手动空调的缺点:操纵频繁,手感差;乘员主观感受空调效果差,对环境变化无响应,无法精确、恒温控制;与高档车内饰不协调;机械故障率高,塑料控制件容易变形导致控制错位卡死,风门漏风严重。

2 半自动空调

所谓半自动空调,就是乘员操纵电动控制面板的旋钮和按钮,再将操纵指令转换成电信号通过线束输送至HVAC总成各风门的微型电动执行器,控制风门动作,完成进气、送风温度、空气分配的调节这样一个半自动控制系统。半自动空调可以设定温度值,电脑自动保持恒温,但是风速是手动调节的,半自动空调一般装配在中档轿车上。图6-60为半自动空调控制面板。

图6-59 手动空调控制面板

图6-60 半自动空调控制面板

半自动空调的优点:操纵负载小,手感佳;外形简洁、美观,操作简单;独立式电动执行器控制可靠、到位,风门漏风大为改善;成本适中。

半自动空调的缺点:乘员主观感受空调效果较差,对环境变化无响应,无法精确、恒温控制。

3 自动空调

自动空调就是乘员操作自动控制面板的旋钮或按钮,全自动空调利用传感器随时检测车内外温度的变化,并把检测到的信号送给空调的电控单元(ECU)。ECU则按预先编制的程序对信号进行处理,并通过执行元件,不断地对风机转速、出风温度、送风方式及压缩机工作状况等进行调节,从而使车内温度、空气湿度及流动状况始终保持在驾驶人设定的水平

图 6-61 自动空调控制面板

上。全自动空调系统具有自诊断功能,可以及早发现故障隐患。全自动空调一般装配在中高档车上。典型的自动空调控制面板如图 6-61 所示。

自动空调的优点:智能化恒温控制,空调舒适性极佳;人性化交互界面,操作和运行可视化;操控面板与中控台融为一体,协调美观;操纵负载小,手感佳。

自动空调的缺点:成本高;可维修性差,即维修难度增大。

引导问题 5　制冷系统的工作原理是什么?

如果想了解制冷系统的工作原理,首先需要掌握制冷剂在循环系统内工作过程,它们分别为:压缩—冷凝—膨胀—蒸发。制冷系统的工作过程如图 6-62 所示。

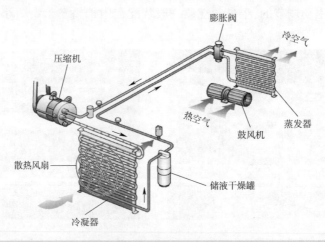

图 6-62 制冷系统的工作过程

1 压缩过程

压缩过程由压缩机来实现。压缩机是制冷剂循环系统中的动力来源,通常由发动机曲轴驱动带轮转动。压缩机工作时从蒸发器出口的低压回路吸入气态制冷剂,加压后经高压管送到冷凝器中进行冷却。当气态制冷剂被压缩时,其温度和压力会升高,压缩机入口处的制冷剂温度为 0~3℃,压力约为 150kPa;被压缩后其温度可达约 80℃,压力约 1800kPa,此时制冷剂形态为高温高压的气态。

2 冷凝过程

冷凝过程主要在冷凝器内实现,制冷剂在冷凝器释放热量,由气态变成液态。进入冷凝器中的气态制冷剂,在冷却风扇的作用下,经外部空气进行冷却,温度下降至沸点以下,制冷剂由高温高压气体转变为中温高压的液体。

3 膨胀过程

冷凝后的中温高压液体被送入节流元件。节流元件的进口空间小(即截面积小),出口空间大(即截面积大),具有节流降压作用。从节流元件出来的制冷剂所处的空间会迅速变大,压力和温度也随之降低。由于其压力已降低,沸点已经低于环境温度以下,部分液态制冷剂开始沸腾,由液态变为气态,吸收热量,使周边空气温度降低。但是,节流元件出口处的大部分制冷剂仍为液态。

4 蒸发过程

经节流元件节流降压后,进入蒸发器的液态制冷剂实现汽化,通常称之为蒸发过程。蒸发过程需要吸收热量,会使蒸发器表面温度下降,在鼓风机的作用下,空气不断流过低温的蒸发器表面,被冷却后再送进车厢内达到制冷的目的。

在蒸发过程中,液态制冷剂经过蒸发器吸收热量汽化,变成低温低压的气体。气态制冷剂又经蒸发器出口以及低压管路回到压缩机,进入下一个制冷循环过程。

蒸发工作原理如图6-63所示,空调压缩机把低温低压(约0℃,0.15MPa)气态制冷剂(冷媒)压缩成高温高压(约80℃,1.5MPa)气态后进入冷凝器,使其能在冷凝器内将热量释放给车外的空气,失去热量的气态制冷剂在冷凝器内冷凝成中温高压(约40℃,1.0~1.2MPa)的液态制冷剂,液态的制冷剂在通过节流装置时,又转变成低温低压(约-5℃,0.15MPa)的液态制冷剂,然后进入到蒸发器中在低压下汽化,由于制冷剂在蒸发器内汽化时的温度低于蒸发器外空气的温度,因此能吸收将被强制送入车厢内的空气中的热量,使进入车厢内空气降低温度,产生制冷效果。从蒸发器中出来的制冷剂又变成低温低压(约0℃,0.15MPa)的气体,再次进入压缩机中去重新工作。

引导问题6 在使用空调时,怎样确保空调正常工作?

汽车的使用需注意以下几点:

(1)使用空调前,应了解空调操作面板上各推杆和按钮的作用,按使用说明书对面板准确进行操作。

(2)起动发动机时,应确认空调开关是关闭的,待发动机稳定地工作几分钟后,打开鼓风机至某一挡位,然后再按下空调开关A/C以启动空调压缩机,调整送风温度和选择送风口,空调机即可正常工作。需要注意的是,当温度调节推杆处于最大冷却位置时,应尽量使用风机的高速挡,以免空调系统的蒸发器因过冷而结冰。

(3)制冷时必须关闭车窗和车门,以尽快达到满意的温度,节省能量。

(4)调整好冷风口的风向,使冷风均匀地吹入车厢。

(5)在只需换气而不需冷气时,如春、秋两季,只需打开鼓风机开关即可换气。

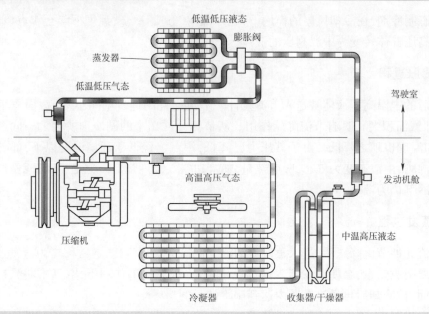

图 6-63 蒸发工作原理图

(6) 在爬长坡或高速超车时应暂时关闭空调,以免发动机动力不足。

(7) 汽车停驶时最好不要长时间使用空调,以免耗尽蓄电池的电能和防止废气被吸入车内,造成再次起动车辆时产生困难或乘客吸入一氧化碳中毒。

(8) 夏日停车应尽量避免在阳光下暴晒,以免加重空调负担。

(9) 有些汽车空调空气入口有新鲜(Fresh)和再循环(Recircle)两个控制位置。若汽车在尘土较多的道路上行驶,应将空气入口设置到再循环位置,以防车外灰尘进入。

(10) 在空调运行时,若听到空调装置有异常响声或发生其他异常情况,应立即关闭空调,并及时检修。

(11) 使用中,当功能选择键选在 MAX 或 A/C 时,不要将调风键置于"LO"位置。这样使冷气排不出去,蒸发器易结霜,而且也有使压缩机发生"液击"的危险。另外 MAX 挡使用时间也不能过长。

(12) 应经常按照汽车空调常规检查方法进行检查。

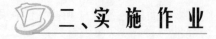

二、实 施 作 业

引导问题 7 检查汽车空调作业需要哪些工具、设备和材料?

1 基本工具

在维护、修理与检测过程中进行基本操作时所需的工具,一般有各类扳手(活动扳手、开口扳手、内六角扳手和套筒扳手等)、各种旋具(一字型、十字型螺丝刀)、各种锉刀(圆锉和方锉等)、钢锯、各种钳子(电工钳、尖嘴钳和封口钳等)、榔头(木制、铁制)、起拔器、凿子以及尖冲等。

2 专用工具

在车用空调系统维护、修理与检测过程中所需用的专用工具有以下几种:

1) 割管器

割管器用来切割制冷系统的连接管(铜、铝管),其结构如图6-64所示。

2) 管端加工刀具

管端加工刀具用来除去管口毛刺,其结构如图6-65所示。

图6-64 割管器　　　　图6-65 管端加工刀具

3) 弯管器

弯管器用来对管子进行弯曲处理(注意弯曲半径应大于管径的5倍),其结构如图6-66所示。

3 维修设备

1) 常用设备

常用设备用于空调系统检修时,对电路、管路与接头

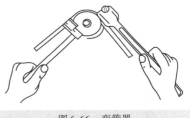

图6-66 弯管器

等进行检测、焊接、局部加热和制冷剂质量称重等。常用设备有磅秤、万用表、兆欧表、电烙铁、喷灯、焊具和手电钻等。

2) 专用设备

专用设备是空调系统维修时不可少的设备。常用专用设备有真空泵、检漏仪、鉴别仪、歧管压力表、制冷剂加注器、制冷剂(R134a)及回收多功能机等。

3) 连接件

连接件用来连接制冷系统部件与管路,以便进行检测与维修。常用连接件有各种型号的高、低压软管和各种规格的连接头。

4 安全环保装置

翼子板护裙、转向盘护套、变速杆护套、座椅护套、脚垫和灭火器。

5 材料

雪佛兰科鲁兹轿车维修手册及相关资料。

项目六　辅助电器系统

> **引导问题 8**　通过查询资料，填写车辆以下信息。

生产年份_____，车牌号码_____，行驶里程_____km，车辆识别代码（VIN）_____。

> **引导问题 9**　检测汽车空调作业前的准备工作有哪些？

（1）汽车进入工位前，将工位清理干净，准备好相关器材；
（2）将汽车停放在工位上；
（3）拉紧驻车制动器操纵杆；
（4）套上转向盘护套、变速杆护套、座椅护套、铺好脚垫；
（5）在车内拉动发动机舱盖开启手柄，在车外打开并支撑发动机舱盖，如图6-67所示；
（6）粘贴翼子板护裙，如图6-68所示。

图6-67　支撑发动机舱盖

图6-68　粘贴翼子板护裙

> **引导问题 10**　对汽车空调进行检测时应该注意什么？

（1）维修空调系统应该在通风良好的地方，制冷剂密度比空气大，当室内制冷剂浓度达到28.5%~30%就会使人窒息。
（2）维修空调系统时，要避免制冷剂弄到皮肤上、眼睛里，戴上手套和防护眼镜。如果制冷剂溅到眼睛里或皮肤上，应该立即用大量冷水冲洗，然后在皮肤上涂上清洁的凡士林，并迅速请医生治疗。
（3）避免制冷剂与火源接触，否则会产生有毒气体。
（4）制冷剂罐应该保存在40℃以下的环境中，储存在干燥、阴凉、通风的库房中，搬运时防止撞击、振动，避免日光暴晒，应该远离火源。

引导问题 11 汽车空调的各部件安装在汽车的哪些位置?

汽车空调各部件的安装位置如图 6-69 所示。

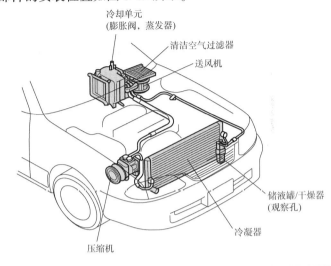

图 6-69 各部件在汽车上的安装位置

（1）冷凝器和储液干燥器安装在汽车的前部,与汽车发动机散热器左右并排或前后重叠放置,便于冷凝器和储液干燥器通风散热,电动冷却风扇置于冷凝器的前端或后端,以加强通风散热;

（2）双重压力开关安装在储液干燥器上,用于感应汽车空调制冷系统高压端的压力;

（3）汽车空调压缩机安装在发动机前端,通过发动机曲轴传动带轮驱动运转工作;

（4）膨胀阀和蒸发器安装在汽车驾驶室的仪表台下面,便于向驾驶室吹风配气,蒸发器位于通风配气通道中,暖风系统加热器、鼓风机也置于其中,夏季将蒸发器周围的低温空气吹入驾驶室,冬季将加热器周围的暖空气吹入驾驶室;

（5）由金属管道或橡胶软管连接制冷系统上述各部件,在汽车空调压缩机的作用下,制冷剂在上述部件和管道中循环流动,作为制冷系统热传递的媒介;

（6）通风配气通道总体位于驾驶室仪表台的下面,通过进风门连通前风窗玻璃下和驾驶室室内进风口,进风门控制汽车空调通风系统的内外循环。

引导问题 12 空调长时间使用,是否有异味产生? 怎么清除?

在炎热、潮湿的气候条件下起动空调时,从空调系统中可能会散发出异味。以下情况可能产生异味。

（1）暖风、通风与空调系统内有碎屑;

（2）蒸发器芯上有微生物繁殖。

当鼓风机风扇启动时,因微生物繁殖而产生难闻的霉味释放到乘客厢内。为了清除这

类气味,必须消除微生物的繁殖。执行以下程序:

(1)打开发动机舱盖安放防护用具;

(2)用气枪清理发动机舱与进风口的灰尘与杂物,并用抹布擦拭发动机舱与进风口;

(3)起动发动机,并检查仪表有无故障灯、空调各挡位是否运行正常、出风口各挡位出风量(鼓风机运转是否正常);

(4)检查高低压管是否异常(泄露、老化)、风扇电动机运转是否正常、冷凝器及高低压管接口是否有泄露;

(5)关闭发动机后拆卸空调滤芯,清洁空调滤芯及安装支架;

(6)安装蒸发器泡沫清洗剂软管,将泡沫清洗剂喷入蒸发器内,等待 15~20min;

(7)使用毛刷清理出风口灰尘;

(8)起动发动机打开空调 AC 开关并将风速调至中速,观察排水口,直至蒸发器内污水全部排出;

(9)关闭空调 AC 开关,风速调至最大并打开外循环模式,将汽车四门玻璃关闭;

(10)将空调杀菌除臭剂喷入空调进风口处,等待 15~20min;

(11)将汽车四门玻璃降至一半,散发清洗过后的异味;

(12)安装进风口盖板,安装新的空调滤芯;

(13)再次检查空调各挡位是否运行正常、出风口各挡位出风量;

(14)取下防护用具,关闭发动机舱盖,清理施工场地。

引导问题 13 汽车空调不制冷的原因有哪些?

汽车空调在使用中,最常用的就是制冷和暖气,电气元件在使用过程中难免会出现这样或那样的问题,出现故障,使空调无法正常使用。下面以一辆 2013 年款的科鲁兹为例,对汽车空调进行检修,分析不制冷的原因。

1 压缩机电磁离合器的检修

(1)检查电磁离合器压盘是否变色、剥落或损伤。如果有损坏,应更换离合器。

(2)用手转动传动带,检查传动带轮轴承的间隙和阻力,如图 6-70 所示。如果出现噪声或间隙过大/阻力过大,则更换离合器。

(3)用安装在磁性表座上的百分表测量传动带轮(A)与压盘(B)之间的间隙,如图 6-71 所示。将百分表归零然后给压缩机离合器施加蓄电池电压。在施加电压时,测量压盘的位移。如果间隙不在规定范围内(规定间隙为 0.35~0.6mm),则需要使用调整垫片进行调整。调整垫片有多种厚度可选择,如 0.1mm、0.3mm 和 0.5mm 等。

(4)测量传动带轮(A)与压盘(B)之间的间隙(标准 0.35~0.6mm),如图 6-72 所示。也可以使用薄厚规来测量,之后选择不同厚度的垫片来调整间隙。

(5)测量励磁线圈的电阻值,如图 6-73 所示。如果电阻值不符合技术要求(常温下约为 4~4.5Ω),则应更换励磁线圈电阻。

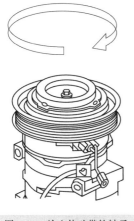
图 6-70 检查传动带轮轴承的间隙和阻力

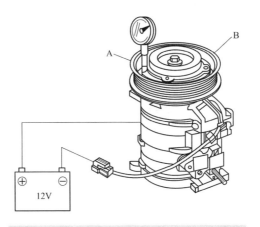
图 6-71 测量传动带轮(A)与压盘(B)之间的间隙

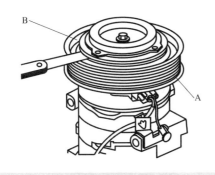
图 6-72 测量传动带轮(A)与压盘(B)之间的间隙

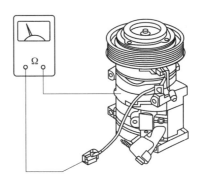
图 6-73 检查励磁线圈的电阻值

2 压缩机电磁离合器的拆装

压缩机电磁离合器的分解如图 6-74 所示,分解步骤如下:

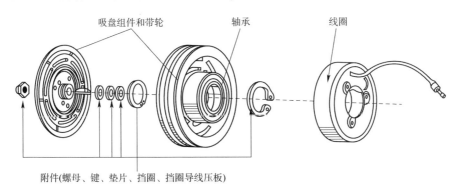
图 6-74 电磁离合器分解图

1)拆卸空调压缩机吸盘

如图 6-75 所示,专用工具可用扭力扳手,拆卸六角螺母,旋出离合器吸盘。

2)拆卸内部轴承卡环

如图 6-76 所示,用图示卡簧钳将卡环取出。

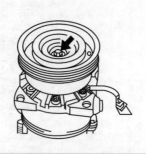
图 6-75　拆卸空调压缩机吸盘

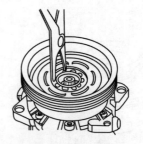
图 6-76　拆卸内部轴承卡环

3)拆卸转子(传动带盘)

如图 6-77 所示,将专用工具组合成图示二爪式拉具,轻轻钩住转子的下沿。注意两侧夹持部位应在同一水平面上。顺时针转动拉具转柄,使转子脱出。

4)拆除前盖挡圈

如图 6-78 所示,用图示卡簧钳将挡圈取出。安装时挡圈突缘须与压缩机前盖上凹槽相配,防止线圈移动,并正确放置导线。

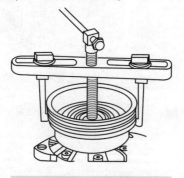
图 6-77　拆卸传动带盘

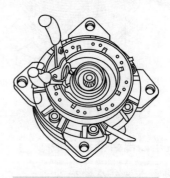
图 6-78　拆除前盖挡圈

3　冷凝器的检修

冷凝器出现散热性能差、泄露或阻塞故障时会使空调系统制冷不足或不制冷,检修的内容有:

(1)检查冷凝器散热片表面是否有赃物,若有,用软毛刷刷洗。不要用高压压缩空气或高压水枪冲洗,以免损坏冷凝器散热片,引起冷凝器散热不良。

(2)检查冷凝器散热片表面有无脱漆、变形、破损、裂纹等。若有变形、破损、裂纹,会影响冷凝器的密封性及内部制冷剂的正常流通,需更换冷凝器。

4　蒸发器的检修

蒸发器出现传热性能差、泄露或阻塞故障时也会使空调系统制冷不足或不制冷,检修的内容有:

(1)检查蒸发器散热片表面是否有赃物,若有,用软毛刷刷洗。不要用水清洗。

(2)检查蒸发器散热片表面有无变形、破损、裂纹等。若有变形、破损、裂纹,会影响制冷剂的汽化效果,引起吸热能力下降,使空调出风温度变高,则需更换蒸发器。

5 制冷系统管路的检修

制冷系统制冷管路检修的主要内容有:

(1)检查管路接头处有无松动和泄露,若有松动,予以拧紧;若紧固后还有泄露,则必须更换管子。

(2)检查管路有无凹陷、弯曲变形、破裂。若有,则更换管子。

(3)检查管路是否脏污,若有,可用分析醇(无水酒精)清洗。

三、评价反馈

1. 对本学习任务进行评价,评价项目见表6-12。

评 分 表　　　　　　　　　　　　　　　表6-12

考核项目	评分标准	分数	学生自评	小组评价	教师评价	小计
活动参与	是否积极主动	5				
安全生产	有无安全隐患	10				
管理5S	是否做到	10				
任务方案	是否合理	15				
操作过程	电磁离合器的检修; 电磁离合器的分解; 冷凝器的检修; 蒸发器及管路的检修	30				
任务完成情况	是否圆满完成	5				
工具和设备使用	是否规范、标准	10				
劳动纪律	是否违反	10				
工单填写	是否完整、规范	5				
总分		100				
教师签字:				年　月　日	得分	

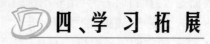四、学习拓展

1. 填空题

(1) 制冷剂在循环系统内需要经_____、_____、_____和蒸发4个工作过程。

(2) 汽车空调按照控制程度可分为_____、_____、_____3种。

2. 简答题

(1) 压缩机故障最常见且最主要的原因是？

(2) 节流管的主要作用是什么？

(3) 蒸发器和冷凝器有什么不同之处？

参 考 文 献

[1] 朱帆,牛伟华.汽车电气设备维修[M].北京:人民交通出版社,2012.
[2] 陈玲玲.汽车电气设备构造与维修[M].上海:上海交通大学出版社,2016.
[3] 杨翰,刘战伟.汽车维护工作页[M].郑州:大象出版社,2016.
[4] 陈金海,龙纪文.汽车电气设备检修学习工作页[M].上海:华东师范大学出版社,2017.
[5] 乌福尧.汽车空调系统检测与维修[M].上海:华东师范大学出版社,2017.
[6] 张洲,修辉平.汽车电气设备构造与维修[M].武汉:华中科技大学出版社,2019.